C.H.BECK WISSEN

Ursprünglich, so kündet der Herkunftsmythos der Langobarden, hätten sie gar nicht «Langobarden» – Langbärte – geheißen, sondern «Winniler», und seien ein ziemlich kleines Völkchen gewesen. Anführerin jener von einer skandinavischen Insel stammenden und wohl im Elbegebiet siedelnden Winniler soll eine Frau namens Gambara gewesen sein, die zwei Söhne hatte. Als das feindliche und stärkere Volk der Vandalen sich die Winniler tributpflichtig machen wollte, zogen diese den Kampf vor. Alsbald erflehten beide Völker die Unterstützung des Kriegsgottes Wodan. Da habe Wodan unparteiisch erklärt, er werde demjenigen Volk den Sieg geben, das er bei Sonnenaufgang zuerst erblicken würde. Wodans Gemahlin Frea gab Gambara und ihren Söhnen den Rat, bei Sonnenaufgang mit ihren Frauen zu erscheinen, die sich dafür ihre langen Haare wie Bärte ins Gesicht hängen lassen sollten. Als kurz vor Sonnenaufgang Frea ihren Gatten Wodan weckte und dessen Bett drehte, fiel sein Blick auf die überraschend große Schar bärtiger Winniler: «Wer sind diese Langbärte?» Daraufhin antwortete ihm Frea: «Herr, du hast ihnen den Namen gegeben, jetzt gibt ihnen auch den Sieg». So geschah es. Seitdem sollen die Winniler den Namen «Langobarden» getragen haben, und sie machten sich bald darauf auf die Wanderung nach Süden, die sie über Böhmen und die Donaugebiete schließlich bis nach Italien führte.

Stefan Esders – Professor für Geschichte der Spätantike und des frühen Mittelalters an der Freien Universität Berlin – bietet in diesem Band anschaulich und informativ einen Überblick über Geschichte und Kultur eines Volkes, das von 568 bis 774 den Gang der Ereignisse und das historische Bewusstsein Italiens bis in unsere Zeit maßgeblich prägte.

Stefan Esders

DIE LANGOBARDEN

Geschichte und Kultur

C.H.Beck

Familiaribus barbatis imberbibusque meis

Mit 2 Abbildungen und 3 Karten

(Abb. 1: Luisa Riccarini/Bridgeman Images;
Abb. 2: bpk/The Trustees of the British Museum;
Karten: © Peter Palm, Berlin)

Originalausgabe

www.chbeck.de
Satz: C.H.Beck.Media.Solutions, Nördlingen
Druck und Bindung: Druckerei C.H.Beck, Nördlingen
Reihengestaltung Umschlag: Uwe Göbel (Original 1995, mit Logo),
Marion Blomeyer (Überarbeitung 2018)
Umschlagabbildung: Die «Eiserne Krone» (langobardische Königskrone,
nach der Legende 593, wahrscheinlich 8. Jh.), Monza, Domschatz;
© akg-images
Printed in Germany
ISBN 978 3 406 80033 7

myclimate

klimaneutral produziert
www.chbeck.de/nachhaltig

Inhalt

Die Aktualität der Langobarden

An die ferne Zeit der Langobarden erinnert im 21. Jahrhundert vor allem die Landschaftsbezeichnung «Lombardei»: Das Gebiet Oberitaliens, in dessen Mitte Mailand liegt, mit Brescia, Bergamo, Como, Cremona und Pavia als weiteren urbanen Zentren. Es ist das Kerngebiet jener Regionen, in denen sich einst das Volk der Langobarden niedergelassen hatte, nachdem es im Jahr 568 nach Italien eingewandert war und Teile davon erobert hatte – ein epochales Ereignis. Das Königreich, welches die Langobarden errichteten, hatte bis zum Jahr 774 Bestand, als es mit militärischer Gewalt in das nordalpine Frankenreich der Karolinger integriert wurde, wodurch Ober- und Mittelitalien für mehrere Jahrhunderte politisch zum fränkisch-deutschen Reich gehören sollten.

Mögen die gut zweihundert Jahre langobardischer Herrschaft aus der Distanz auch nur wie eine Episode in der langen und facettenreichen Geschichte Italiens anmuten, so hat diese Zeit die politische Geographie, Kultur und Mentalität der Apennin-Halbinsel doch nachhaltig geprägt. Ihre Spuren sind in vielen Regionen bis heute sichtbar. Den einstigen Siedlungsverbänden langobardischer Krieger verdanken zahlreiche Orte Oberitaliens, Umbriens und der Toskana ihren Namen. Die baulichen Zeugnisse ehemals langobardischer Residenzen und die alten religiösen Zentren der Langobarden gehören heute zum UNESCO-Weltkulturerbe. Im Unterschied zu den langobardischen Gebieten erfuhren italienische Regionen wie Venetien, die Romagna, Latium und Rom während desselben Zeitraums eine gänzlich andersartige Prägung. Man kann daher feststellen, dass mit dem Langobardenreich eine vom Norden ausgehende, mehr als tausendjährige Geschichte der Fragmentierung Italiens einsetzte, die politisch erst im 19. Jahrhundert beendet wurde. Doch ist es gerade diese Zeit des Frühmittelalters, deren Erbe aufgrund der damals aufkommenden regionalen Vielfalt und kulturellen Heterogenität bis heute Besucher Italiens in ihren Bann zu ziehen versteht.

Die Erinnerung an die Langobarden war bereits seit dem Ende ihres Reiches umkämpft und wurde immer wieder überformt. Eine bis in unsere Tage reichende Aktualität der Langobarden-Thematik erhellt daraus, dass sich immer noch politische Gruppen – und zwar nicht selten missbräuchlich – auf Erbe und Tradition der Langobarden berufen. Vor allem diejenigen, denen es darum geht, für den Norden Italiens eine Lanze zu brechen oder gar dessen Abtrennung vom Rest Italiens das Wort zu reden, instrumentalisieren das Langobardenreich als «historisches Argument».

Doch nicht nur für das kulturelle und politische Bewusstsein Italiens besitzt die Zeit der Langobarden hohe Aktualität, sondern auch für die Geschichtswissenschaften und ihre Nachbardisziplinen. Für sie markiert die folgenschwere Ankunft der Langobarden in Italien das Ende der Antike in ihrem kulturellen Kerngebiet. Häufig wird in der langobardischen Landnahme in Italien daher der letzte Akt des welthistorischen Dramas der sogenannten «Völkerwanderung» gesehen. Gerade am Beispiel der Langobarden, deren Wanderung sich räumlich und zeitlich relativ präzise fassen lässt, untersuchen gegenwärtig Historiker, Archäologen und Naturwissenschaftler mit modernsten Methoden der Humangenetik, wie sich die Existenz und Wanderung eines aus der Geschichte verschwundenen «Volkes» überhaupt nachweisen lässt, ob dieses seine Identität zu bewahren vermochte und wie sich schließlich sein Verhältnis zu den alteingesessenen Bevölkerungsgruppen gestaltete. Insofern hat die wissenschaftliche Bedeutung der Langobarden gerade in den letzten Jahren beträchtlich zugenommen.

Das vorliegende Büchlein behandelt die Geschichte der Langobarden als Teil der Geschichte Italiens und möchte etwas von dem vermitteln, was diesem Volk bis heute Bedeutung zukommen lässt.

1. Herkunft und Identität der Langobarden bis zu ihrer Invasion Italiens (568)

«Die Langobarden ... werden gemeinhin so genannt wegen ihrer herunterhängenden und niemals geschnittenen Bärte» (*IE IX,2,95*). Schon frühmittelalterliche Gelehrte wie Isidor von Sevilla (gest. 636) fragten sich, was man über ein Volk denken solle, das sich selbst «die Langbärtigen» nannte. Im Unterschied zu Volksbezeichnungen wie «die Franken» – was übersetzt «die Frechen» heißt – oder auch «die Alemannen», deren Name ganze Männer versprach, machte sich der Volksname «Langobarden» am männlichen Accessoire ihrer Rauschebärte fest. Allzu exklusiv konnte das nicht gemeint sein, stand es doch nahezu jedem erwachsenen Mann frei, sich einen Bart stehen zu lassen und, sofern er nur gemeinsam mit den anderen kämpfte, dazuzugehören. Indem sie ihr Gesichtshaar in natürlicher Schönheit und ohne viel Pflege sprießen ließen, wollten die Langobarden als ein Volk wackerer Krieger gelten, das sich mit einem archaisch-maskulinen und wenig zivilisiert anmutenden Selbstbild viel auf seine Bodenständigkeit zugutehielt. Assoziationen naturverbundener und robuster Virilität sollten sich beim Klang seines gemütvollen Namens einstellen, vielleicht auch Verknüpfungen mit Religion, Fruchtbarkeit und Magie – je nach dem, was man in lange Bärte hineinzulesen bereit war (und ist).

Der Mythos der Langbärte

Erfreulicherweise haben bereits die Langobarden selbst ihren so schlicht klingenden Volksnamen auf unnachahmliche Weise karikiert. Ursprünglich, so kündete ihr Herkunftsmythos, hätten sie nämlich gar nicht «Langobarden» geheißen, sondern «Winniler», und seien ein ziemlich kleines Völkchen gewesen, das zunächst auch noch gar nicht von einem König regiert worden sei. Anführerin dieser von einer skandinavischen Insel stammenden und wohl im Elbegebiet siedelnden Winniler sei vielmehr eine Frau namens Gambara gewesen, die gemeinsam mit ihren beiden Söhnen Ibor und Agio das Sagen hatte. Als das feindliche und stärkere Volk der Vandalen sich die Winniler tributpflichtig machen wollte, zogen diese den Kampf vor, und alsbald erflehten beide Völker dafür die Unterstützung des Kriegsgottes Wodan. Unparteiisch habe Wodan, als ihn zuerst die Vandalen anriefen, erklärt, er werde demjenigen Volk den Sieg geben, welches er bei Sonnenaufgang zuerst erblicken würde. Gambara und ihre Söhne wandten sich daher an Wodans Gemahlin Frea, die ihnen den Rat gab, bei Sonnenaufgang auch mit ihren Frauen zu erscheinen, die sich dafür ihre langen Haare wie Bärte ins Gesicht hängen lassen sollten. Und so kam es. Kurz vor Sonnenaufgang weckte Frea ihren Gatten Wodan und drehte sein Bett, damit sein Blick zuerst auf die überraschend zahlenstarke Schar der bärtigen Winniler fiel, so dass er fragte: *«Wer sind diese Langbärte?»* Woraufhin Frea ihm antwortete: *«Herr, du hast ihnen den Namen gegeben, jetzt gibt ihnen auch den Sieg.»* So geschah es – und seitdem hätten die Winniler den Namen «Langobarden» getragen. Unter ihrem neuen Namen sollten sic sich bald darauf auf die Wanderung nach Süden begeben, die sie über Böhmen und die Donaugebiete schließlich bis nach Italien führte.

Moderne Betrachter geraten über die legendenhafte Überlieferung immer wieder ins Schmunzeln und Staunen. Die Geschichte der einfallsreichen Göttin Frea, die Wodan überlistete, fordert denn auch zu Spekulationen förmlich heraus: Waren die Langobarden ein Häuflein trostloser Mannsbilder, denen ohne die Klugheit ihrer Frauen das überlebensnotwendige Kriegsglück gefehlt hätte? Warum vertauschte die Erzählung die Geschlechterrollen? Galten den Langobarden Verschlagenheit und Täuschung mehr als echte militärische Stärke? Und warum wechselte dieses Volk von heute auf morgen seinen Namen, und gab sich eine derart «offene» Kollektivbezeichnung? Dieser «Ursprungsbericht des Volkes der Langobarden» (*OGL*), den wir in Variationen auch aus anderen Quellen kennen (*FC III,65; HL I,3* u. *7–9*), enthält Motive wie den Göttertrug oder die Göttin als Helferin, die bereits aus antiken Überlieferungen bekannt sind. Er ist jedoch weniger darauf zurückzuführen, dass es bei den Langobarden zu frühen Zeiten ein Matriarchat gegeben hätte, als darauf, dass in historischer Zeit (also im nachmaligen Italien) bei den Langobarden Königinnen außerordentlich wichtig waren und ihren Ehemännern zu Legitimität verhalfen. Wie Mythen liefern solche Erzählungen über Herkunft und Ankunft von Völkern daher keine Geschichte, die sich in den Details kritisch überprüfen ließe, sondern drücken vielmehr eine geordnete Erfahrung aus. In einprägsamer und unterhaltsamer Weise erzählen sie das, was mit Blick auf die eigene, gewachsene Identität als so essentiell galt, dass man sich dessen historisch zu vergewissern suchte. Man spricht in dem Fall von «aitiologischen Sagen» – Sagen, die Gründe für bestimmte Begebenheiten liefern: Neben der Bedeutung ihrer Königinnen spiegelten die Langobarden ihre traditionelle Feindschaft mit dem germanischen Volk der Vandalen, die sie als konstitutiv für ihre eigene Volkswerdung ansahen, in die mythische Frühzeit zurück. Ob man aus dem Mythos sogar auf einen von höchster Stelle verordneten Religionswechsel der Langobarden schließen darf – von der Verehrung einer Fruchtbarkeits- und Muttergottheit zu derjenigen eines Kriegsgottes –, ist nicht sicher zu beurteilen. In jedem Fall war diese Herkunftsgeschichte – im Übrigen der älteste Göttermythos eines germanischen Volkes, den wir kennen – für die Langobarden selbst so prägend, dass sie sie später sogar ihrem Gesetzbuch voranstellten, als sich das Volk der Langbärte schon längst zum christlichen Glauben bekannte.

Vom Norden an die Donau: Kontinuität und Wanderung eines Volkes?

Der modernen historischen, archäologischen und sprachgeschichtlichen Forschung zu den Langobarden stellt sich die Frühgeschichte der Langobarden weit nüchterner dar. Ob die Langobarden wirklich aus Skandinavien stammten, lässt sich nicht sicher belegen. Auch andere germanische Völker wie die Goten haben das von sich behauptet. Bereits antiken Schriftstellern galt das kalte Skandinavien als der fruchtbare «Mutterleib der Völker» (*vagina gentium*), wo sich unzählige, kraftstrotzende «Barbaren» ständig vermehrten, die sie fortwährend auf die Grenzen des römischen Reiches vorrücken ließen. Doch schließt im Fall der Langobarden der westgermanische Charakter ihrer Sprache eine nordgermanische Herkunft geradezu aus. Größere Sicherheit ist erst für die ersten beiden nachchristlichen Jahrhunderte zu gewinnen, als römische Schriftsteller wie Strabo, Velleius Paterculus, Tacitus und Cassius Dio die Langobarden unter den Völkern des unteren Elbegebietes erwähnten. Allerdings liegen danach für mehr als dreihundert Jahre keine belastbaren Informationen über die Langobarden vor. Dann ist ein Volk dieses Namens plötzlich mehr als 700 Kilometer weiter südlich im Donaugebiet, in Pannonien und schließlich in Italien bezeugt. Doch waren die in großer Zahl an der Donau siedelnden Langobarden des 5. Jahrhunderts noch mit dem kleinen Volk der Langbärte an der Niederelbe aus dem 2. Jahrhunderts identisch – hatte zwischenzeitlich eine Wanderung stattgefunden? Oder sollte man lediglich von einer «nominellen» Kontinuität sprechen? Könnte es am Ende sogar so sein, dass ein späteres Volk sich einfach den Namen eines früheren zulegte, ohne in einer direkten Tradition zu ihm zu stehen? Auch die Archäologie kann bei der Etablierung von Kontinuitätslinien keine Sicherheit bieten, da die in den erwähnten Gebieten gefundenen Gräber und materiellen Hinterlassenschaften dieser Zeit keine exklusiven Merkmale aufweisen, die nur einem «Volk» allein zuzuweisen wären.

Sichereren Boden betritt die Forschung daher erst mit dem ausgehenden 5. Jahrhundert: Am nördlichen Ufer der Donau im heutigen Niederösterreich, gegenüber dem Ort Mautern (einst: Favianis), sind die Langobarden offenbar mit Zustimmung des oströmischen Kaisers Zenon in ein Gebiet eingerückt, in dem zuvor das germanische Volk der Rugier ansässig war. Truppen des weströmischen Offiziers und Königs Odoaker hatten im Jahr 488 die Rugier besiegt, so dass die Langobarden für einige

Jahre dieses «Rugiland» bewohnen durften (*OGL*); das Territorium gehörte zu den Grenzgebieten des in Auflösung befindlichen römischen Reiches im Donauraum. Die dortige Provinzbevölkerung war bereits zuvor evakuiert worden. Die Langobarden waren seinerzeit offenbar dem germanischen Volk der Heruler untergeordnet, das damals im Gebiet Mährens und der heutigen Slowakei ein eigenes Reich errichtet hatte und die Langobarden abzudrängen suchte. Erst ein überraschender Sieg über die Heruler im Jahr 508 scheint die Position der Langobarden konsolidiert zu haben. Seit dieser Zeit sind uns erstmals langobardische Könige mit Namen bezeugt, angefangen mit dem siegreichen König Tato aus der Familie der Lethingen und dessen Neffen Wacho, der gegen seinen Onkel rebellierte und von etwa 510 bis 540 regierte.

Die Langobarden in Pannonien und im Gotenkrieg Kaiser Justinians

An Wachos langer Regierungszeit lässt sich die gewachsene Bedeutung der Langobarden ablesen, die fortan mit der Genehmigung der oströmischen Kaiser Justin I. und Justinian ins nördliche Pannonien (heutiges Westungarn) expandierten und damit Gebiete beherrschten, die durch ihre Zugehörigkeit zum römischen Imperium geprägt waren. Die dort vorhandenen militärischen Infrastrukturen konnte der langobardische König als eine Art römischer Offizier für sich und seinen Kriegerverband nutzen. Um sich gegenüber den benachbarten Völkern abzusichern, ging Wacho mehrere politisch motivierte Ehen ein – zunächst mit einer thüringischen, dann einer gepidischen und schließlich mit einer herulischen Prinzessin –, während er seine eigenen Töchter Wisigarde und Waldrada in den 530er Jahren mit fränkischen Königen verheiratete und damit die ostwärts gerichtete fränkische Expansion begünstigte.

Als Verbündete (Föderaten) leisteten die Langobarden dem römischen Imperium wertvolle Waffenhilfe und wurden dafür auch entlohnt. Im langen Krieg Kaiser Justinians gegen die Ostgoten, die sich in Italien niedergelassen hatten, stand Wacho fest an der Seite des römischen Kommandanten Narses und lehnte ein Hilfeersuchen der Ostgoten ab. Für Justinians Strategie, in der letzten Phase des Gotenkrieges, wohl im Jahr 548, vom Balkan aus in Italien militärisch zu intervenieren, waren die langobardischen Reiter, die nun ganz Pannonien kontrollierten, unverzichtbar. Über 5000 der ob ihrer Brutalität gefürchteten Langobarden sollen in Italien unter ihrem König Audoin und dessen Sohn Alboin am entscheidenden Sieg der Römer über die Ostgoten (552) beteiligt gewesen sein (*PK VIII, 32–33*); nicht wenige sind auch danach als Offiziere im römischen Heer bezeugt. In römischen Diensten gewannen die Langobarden Oberhand über das ihnen benachbarte Volk der Gepiden (*PK VII,34; VIII,18, 25* u. *27*), welches sie 567 mit Unterstützung der Awaren unterwarfen, eines aus der Steppe stammenden Reitervolkes, das sich Mitte des 6. Jahrhunderts auf dem Balkan niedergelassen hatte. Geschickt verbesserten die Langobarden durch das Schmieden von Allianzen ihre Stellung, während ihr über vierzigjähriges Eingebundensein in die noch vorhandenen militärischen und administrativen römischen Strukturen Pannoniens folgenreiche Institutionalisierungsprozesse begünstigte. Ausgrabungen haben in Pannonien an der Donau und im Hinterland angelegte spätrömische Befestigungskomplexe freigelegt. Einer davon war das Kastell Keszthely-Fenékpuszta am westlichen Ufer des Plattensees mit militärischer und wirtschaftlicher Infrastruktur (beispielsweise Getreidespeichern, aber auch Sakralbauten, darunter eine christliche Basilika). Im Laufe der Jahrhunderte ist die Anlage immer wieder von gemischten Bevölkerungsgruppen neu genutzt worden. Ohne dass sich die gefundenen Grabinventare bestimmten ethnischen Gruppen zuordnen ließen, wird man vermuten dürfen, dass zu dieser militarisierten Mischkultur am Rande des römischen Imperiums im früheren 6. Jahrhundert auch langobardische Verbände gehört haben. Vor allem in Pannonien erlangten die Langobarden jene Vertrautheit mit der römischen Kultur, die sie dazu befähigen würde, auf römischem Provinzboden ein eigenständiges Reich zu errichten.

König Alboin und der langobardische Zug nach Italien (568/569)

Nach dem Ende des römischen Gotenkrieges kehrten die Langobarden wieder nach Pannonien zurück, doch letztlich erging es ihnen nicht anders als vielen Italienreisenden unserer Tage: Wer einmal dort war, möchte möglichst schnell zurückkehren. Pläne, im eigenen Namen, also nicht mehr als römische Verbündete, nach Italien einzumarschieren, müssen schon bald konkret geworden sein, als sich die Situation auf dem Balkan zu wandeln begann. Zum langobardischen Heer, das König Alboin um sich scharte, gehörten – wie uns Paulus Diaconus, der Ende des 8. Jahrhunderts lebende wichtigste Geschichtsschreiber der Langobarden, überliefert (*HL II,6–8*) – neben den Langobarden auch besiegte Gepiden sowie Gruppen von Sueben, Sarmaten und Bulgaren und Teile der römischen Provinzbevölkerung. Hinzu kam eine größere Gruppe von angeblich 20000 Sachsen, die Alboin für das gefährliche Unternehmen angeworben hatte – vielleicht mit Genehmigung des benachbarten Frankenkönigs Sigiberts I., mit dem er verschwägert gewesen war. Sie alle suchten in Italien dauerhaft eine neue Heimstatt zu finden und dort zusammen ein eigenes Reich zu gründen. Sein Vielvölkerheer, das mit Familien und Sklaven etwa 100000 oder sogar noch mehr Menschen umfasst zu haben scheint, führte der König noch im Jahr 568 aus Pannonien nach Italien.

Über die genauen Gründe, welche Alboin zu dem Unternehmen und zur Wahl dieses Zeitpunktes veranlasst haben, und welches genaue Ziel ihm vor Augen stand, kann nur spekuliert werden. Zu dieser Zeit war Italien aufgrund der Gotenkriege, einer Pestepidemie und durch Hungersnöte geschwächt; seine Bevölkerung war offenbar bereit, die Eroberer ohne allzu großen Widerstand ins Land zu lassen. Kaiser Justinian war 565 gestorben; der neue Kaiser Justin II. verfolgte die Politik, den verbündeten Völkern an den Grenzen keine Tribute mehr zu bezahlen, um sie ruhig zu halten, und er scheint eher auf die Gepiden als die Langobarden gesetzt zu haben. Dies destabilisierte die etablierte Ordnung. Später zirkulierten Legenden, der kurz zuvor (Anfang 568) bei der Kaiserin Sophia in Ungnade gefallene und abgesetzte oströmische General Narses habe die Langobarden in verräterischer Weise ins Land geholt; diese Darstellung könnte freilich auf einer böswilligen Vertauschung mit der langobardischen Unterstützung im Ostgotenkrieg beruhen. Von den Langobarden wird sogar überliefert, Alboin hätte sich vor ihrem Abmarsch von den Awaren die Zusicherung geben lassen, dass sie im Falle des Scheiterns ihres Unternehmens binnen der nächsten 200 Jahre wieder in ihre pannonischen Sitze zurückkehren dürften. Dazu kam es jedoch nicht. Von Pannonien ausgehend und über Friaul nach Italien ziehend, bewegte sich der Zug durch Oberitalien, wie etwas später ein gallischer Chronist berichtete: *«In diesem Jahr ließ der König der Langobarden, Alboin, mit seinem gesamten Heer seine Heimat Pannonien zurück und steckte sie in Brand, und zusammen mit Frauen und seinem gesamten Volk nahm er Italien in Form von Siedlungsverbänden (fara) in Besitz, und dort sind die einen aufgrund von Krankheit, die anderen durch Hunger und einige durch das Schwert umgekommen»* (*MC, 569*). Die langobardischen Verbände waren, wie hier betont wird, als «Fahrgemeinschaften» organisiert, die man in der langobardischen Sprache *farae* nannte. Darin wurden die Krieger und ihre Familien mit weiteren dazugehörigen Personen und Waffen zusammengefasst. Auch die Ansiedlung in Italien erfolgte in diesen Verbänden, wie noch heute italienische Ortsnamen («Fara d'Isonzo», «Fara San Martino», «Fara Olivana», «Fara Novarese» usw.) zeigen. Die Angehörigen einer *fara* waren untereinander verwandt und als Kampfeinheit durch dieselbe militärische Aufgabenstellung verbunden.

Das Vorgehen von Alboins Invasionsheer muss häufig brutal, doch auch von nüchternem Kalkül beim Einsatz der vorhandenen Machtmittel bestimmt gewesen sein. So suchte man in Oberitalien nacheinander Stadt für Stadt möglichst zur Kapitulation zu zwingen. Paulus Diaconus beschreibt, wie Alboins Verbände Forum Iulii, Vicenza, Verona und die meisten Städte Venetiens und des nordwestlichen Italiens (die heutige Lombardei und Piemont) in Besitz nahmen (*HL II,14* u. *25*). Am 3. September 569 eroberten sie Mailand. Lediglich die Einnahme der alten ostgotischen Residenzstadt Pavia zog sich aufgrund erheblichen Widerstandes angeblich über drei Jahre hin. An die Spitze der eingenommenen römischen Städte und größeren Befestigungen ließ Alboin jeweils einen Militärkommandeur (*dux* bzw. «Herzog») mit einem Truppenkontingent stellen. Mit der Einnahme einer Stadt war auch die Herrschaft über das ihr seit römischer Zeit administrativ zugeordnete Umland gewonnen. Auf Oberitalien, das Zentrum des Einmarsches, folgten bald darauf große Teile der Po-Ebene (Emilia) sowie die Toskana; weiter südlich kam es 571 in Umbrien (Spoleto) und in Süditalien (Benevent) zur Gründung eigener Herzogtümer. Die adriatischen Küstengebiete Venetiens, Ravenna, die Inseln Korsika und Sardinien und Rom sowie zunächst auch die nord-tyrrhenische Küste (das heutige Ligurien) blieben dagegen unter römischer Herrschaft. Zu einer langobardischen Eroberung «ganz Italiens», wenn sie denn je intendiert war, kam es also nicht. Im Ergebnis führte die Invasion zur regionalen Aufsplitterung in mehrere Gebiete, die unterschiedlichen Herrschaften unterstanden.

Bereits 572, kaum vier Jahre nach Beginn der Eroberung, wurde Alboin in Verona ermordet. Einer Legende zufolge, die im Laufe der Zeit immer weiter ausgeschmückt wurde (*HL II,28–30*), initiierte Alboins Frau – die gepidische Königstochter Rosamunde, deren Vater Kunimund von Alboin zuvor getötet worden war – eine Verschwörung gegen ihren Mann, weil dieser sie ebenso betrunken wie herablassend dazu zwang, aus einer Schale zu trinken, die er aus dem Schädel ihres von ihm erschlagenen Vaters hatte anfertigen lassen. Es heißt, sie habe Alboin deshalb von zwei Bewaffneten während seines Mittagsschlafes ermorden lassen. Doch bald schon musste sie selbst mit einem der Verschwörer namens Helmichis, der zum neuen König ausgerufen worden war, und dem Königsschatz ins römische Ravenna flüchten, wo sich beide schließlich gegenseitig vergiftet haben sollen. Auch Alboins Nachfolger, der von einigen Herzögen in Pavia zum König gewählte Cleph (573–574), wurde nicht viel später ermordet, so dass die Langobarden für zehn Jahre (574–584) ohne König blieben. Dieses Interregnum änderte nichts daran, dass die langobardische Landnahme Italiens irreversibel blieb. Der Königsthron mochte einige Zeit unbesetzt bleiben, aber die Einwurzelung der langobardischen Herrschaft in den stadtbasierten Herzogtümern und die Ansiedlung ihrer Kriegerverbände müssen tiefgreifend gewesen sein. Erst als Ostrom sich mit den nordalpinen Franken verbündete, um die Langobarden wieder aus Italien zu vertreiben, erwählten diese mit Clephs Sohn Authari im Jahr 584 einen neuen König und nahmen ihre monarchische Tradition wieder auf.

Elemente und Entwicklungsstufen langobardischer Identität

Bei den nach Italien aufgebrochenen Verbänden handelte es sich um ein Vielvölkerheer, zu dem unterworfene Gepiden, Provinzialrömer, angeworbene Sachsen und Angehörige weiterer Völker gehörten (*HL I,27* u. *II,6–7*). Noch heute sind in ganz Oberitalien Ortsnamen wie «Gepido», «Suave», «Sarmata» und «Bulgaro» bezeugt, die offenbar auf der Beteiligung dieser Gruppen an dem Eroberungszug von 568/69 beruhen. «Die Langobarden» war insofern nur ein Label für eine vielgestaltige Großgruppe, die sich über ihr gemeinsames Ziel definierte und innerhalb derer die langobardische Kerngruppe tonangebend bzw. traditionsbildend war.

Von welchen Langobarden also sprechen wir? Ethnische Identität ist eine besondere Form, politische Zusammengehörigkeit und sozialen Zusammenhalt einer Großgruppe in Abgrenzung zu anderen Gruppen zu markieren. Verschiedene Elemente wie gemeinsame Abstammung, Sprache, Religion sowie Recht und Kultur dienen der Selbstvergewisserung ethnisch konstituierter Gruppen und sind auch für deren Außenwahrnehmung durch andere Gruppen wichtig. Doch wie lässt sich die langobardische Identität fassen? Wer gehörte zu den Langobarden, was machte ihren Zusammenhalt als Volk aus und gegen welche anderen Gruppen suchten sie sich abzugrenzen? Schon lange hat man sich von romantischen Vorstellungen verabschiedet, denen zufolge die Langobarden zuvorderst als «Germanen» zu verstehen seien. Ihre historische Entwicklung und die Formierung ihrer Identität waren zu spezifisch langobardisch, und durch ihren engen Kontakt mit dem römischen Imperium gewann ihre Identität besondere Konturen. Auch glaubt heute niemand mehr daran, dass Ähnlichkeiten im Phänotyp (im äußeren Erscheinungsbild) den Schluss erlaubten, bei den Völkern (*gentes*) des frühen Mittelalters habe es sich vor allem um Abstammungsgemeinschaften gehandelt. Natürlich hat auch bei den Langobarden die tatsächliche und die geglaubte gemeinsame Abstammung eine bedeutende Rolle für ihre Selbstwahrnehmung gespielt. Dennoch war biologische bzw. behauptete Deszendenz nur eines unter mehreren Kriterien, welche für die Herausbildung ihrer ethnischen Identität ausschlaggebend waren. Andere Marker wie gemeinsame Sprache und Namengebung sind im Fall der Langobarden noch gut zu fassen – religiöse Praktiken dagegen schwieriger. Daneben waren gemeinsame Normvorstellungen und geteilte historische Erfahrungen wichtig. Für einen Kriegerverband wie die Langobarden, der sich als «Wir-Gruppe» verstand, bildeten gemeinsame Ziele und Feindbilder konstitutive Elemente ihrer Identität und ihres sozialen Zusammenhaltes; hinzu kamen bestimmte Waffen (lange Messer, zweischneidige Schwerter, runde Schilde) und besondere Kampfesweisen. Äußere Erkennungsmerkmale wie Kleidung sowie Haar- und Barttracht dürften ebenfalls eine wichtige Rolle gespielt haben. Doch keines dieser Kriterien konnte für sich allein eine exklusive Gruppenzugehörigkeit begründen. Wir müssen vielmehr annehmen, dass es einem Individuum auch möglich war, die Nichterfüllung bestimmter Kriterien zu kompensieren. Die Grenzen der «Exklusivität» ihrer Identität waren schon dadurch gezogen, dass Kriegerverbände, um sich behaupten zu können, darauf angewiesen waren, sich nicht allein auf biologischem Wege zu erneuern und zu vergrößern. So war vor allem ihr militärischer Zusammenhalt für die langobardische Identität wichtig.

Überdies wird man sich die Formierung langobardischer Ethnizität als einen dynamischen Prozess vorzustellen haben, der Fahrt aufnahm, wenn sich historische Rahmenbedingungen änderten. In Pannonien hatten ihre Einbindung in die spätrömische Heeresorganisation, Provinzverwaltung und Alimentierung einigen Einfluss auf die innere Struktur der Langobarden. Nach ihrer Landnahme in Italien avancierte das Königtum zu einem keineswegs nur militärischen Integrationsfaktor. Bis in die mythische Zeit zurückreichende Erzählungen über die Ethnogenese wie der eingangs erwähnte «Ursprungsbericht des Volkes der Langobarden» zeigen, dass man im 7. Jahrhundert ein Interesse daran hatte, für das langobardische Königtum eine möglichst weit zurückreichende Traditionslinie aufzuzeigen. Während es einerseits Schwierigkeiten bereitet, die fortlaufende Existenz eines «Volkes» der Langobarden zwischen dem 2. und 5. Jahrhundert überhaupt nachzuweisen, scheinen andererseits die Föderatenzeit, die Reichsgründung und die Ansässigkeit in Italien auch die ethnische Identität der Langobarden auf vielfältige Weise umgeprägt und gerade darum paradoxerweise eine Vielzahl von «Kontinuitätsbehauptungen» hervorgebracht zu haben. Die im 7. Jahrhundert unter König Rothari erfolgte Aufzeichnung des langobardischen Rechts stellte die rechtliche Identität der Langobarden gleichsam auf Dauer und benannte eindeutige Kriterien, wer im rechtlichen Sinne Langobarde war und wer nicht. Dies wäre zu Beginn des 6. Jahrhunderts weder denkbar noch sinnvoll gewesen, und auch nach Rothari war das Recht der Langobarden nur eine – allerdings besonders wichtige – Komponente ihrer ethnischen Identität.

Daran lässt sich die Diskussion der Identitätsproblematik in der Archäologie anschließen. Hatte die archäologische Forschung lange Zeit bestimmte Schmuckformen (wie z. B. in Gräbern gefundene Fibeln in S-Form) als ethnische Marker qualifiziert, die es erlaubten sollten, ein Individuum als Langobarden bzw. Langobardin (im Unterschied zu Goten, Römern usw.) zu identifizieren, so sind die meisten Forscherinnen und Forscher inzwischen vorsichtig geworden. Bezeugen die gefundenen Broschen, dass tatsächlich die Völker selbst eingewandert waren, oder haben sich letztlich nur bestimmte Status- und Mode-Accessoires bewegt, die auch von Angehörigen anderer Völker getragen wurden? Selbstverständlich enthält keine Grabbeigabe den schriftlichen Hinweis, bei diesem oder jener handle es sich um Langobarden, und häufig genug decken sich die Verbreitungsgegenden bestimmter Artefakte nicht mit den Siedlungsgebieten, auf welche die Schriftquellen hinzudeuten scheinen. Beide Quellengattungen – archäologische und schriftliche Zeugnisse – dürfen daher nicht nur soweit zur Kenntnis genommen werden, wie sich gegenseitig zu bestätigen scheinen, sondern sind auch dort zu berücksichtigen, wo sie nicht miteinander übereinstimmen. Sie müssen also in ihrer jeweiligen Aussage getrennt interpretiert werden.

Die Langobarden in Pannonien und Italien als Gegenstand der «Genetic history»

Die Auswertung archäologischer Befunde mithilfe der Genetik erlaubt ebenfalls keine sichere Zuordnung eines Skeletts an ein ethnisch definiertes Individuum. Kein Knochen vermag sichere Auskunft über die ethnische Identität einer Person zu geben. Doch bietet das in den Gebeinen enthaltene menschliche Erbgut andere wichtige Erkenntnismöglichkeiten. Im Unterschied zu Studien, die aus der DNA moderner Populationen spekulative Rückschlüsse auf über 1000 Jahre zurückliegende historische Prozesse ziehen, ohne dabei die Veränderungen innerhalb des Materials (z.B. «gen-drift») über mehrere Generationen hinreichend zu berücksichtigen, bietet die Analyse der DNA von in frühmittelalterlichen Gräbern gefundenen Personen (sog. «ancient DNA») ein verlässlicheres Instrument, um neue Forschungsfragen zu stellen und sie disziplinenübergreifend zu bearbeiten.

Das besondere Interesse der «Genetic History» an den Langobarden gründet darin, dass in Pannonien und Oberitalien eine Anzahl von Gräbern erhalten ist, von denen man glaubt, dass die darin bestatteten Personen mit einiger Gewissheit mit den Langobarden in Verbindung gebracht werden können. Anders als bei den meisten Migrationen großer Völker ist im Fall der Langobarden deren Wanderung innerhalb eines abgrenzbaren Zeitraumes mit relativ präzisen geographischen Angaben nachzuvollziehen: Nach Pannonien können die Langobarden erst nach 510 oder sogar noch später gekommen sein, nach Italien in nennenswerter Zahl erst nach 568. Daraus ergibt sich die Möglichkeit für einen einzigartigen «Versuchsaufbau»: Interdisziplinär arbeitende Teams von Archäologen, Historikern und Humangenetikern haben exemplarisch Skelette zweier Gräberfelder des 6. Jahrhunderts mit vergleichbaren Bestattungsformen und Grabbeigaben untersucht, eines in Szólád, südlich des Plattensees im heutigen Ungarn, d. h. im Gebiet der antiken Provinz Pannonia, das andere in Collegno in Oberitalien, unweit von Turin. Die Wahl beider Orte, von denen ersterer nur für die Zeit einer Generation genutzt wurde, ergab sich aus dem auf ihre Grabausstattung gestützten Verdacht, dort könnten «Langobarden» beigesetzt worden sein. Eine Identifikation ethnischer Langobarden ist mithilfe der Genom-Analyse zwar nicht möglich, doch erbrachte die Untersuchung der genetischen Herkunft und der Verwandtschaftsverhältnisse unter mehr als 60 Toten ein in seiner Klarheit überraschendes Ergebnis: Auf beiden Friedhöfen ließen sich unter den Bestatteten jeweils zwei Personengruppen deutlich unterscheiden, deren Genom und Begräbniskultur im einen Fall mehr mit Populationen in Nord- und Mitteleuropa gemein hatten, im anderen Fall dagegen mit solchen aus Südeuropa. Es ist zwar methodologisch nicht vertretbar, die eine Personengruppe kurzerhand mit den Langobarden gleichzusetzen, und die andere pauschal mit der römischen Provinzbevölkerung, doch ließ sich mithilfe der Isotopengeochemie, die gewisse Rückschlüsse auf die Ernährungs- und Aufenthaltsgewohnheiten einer Person erlaubt, immerhin der Nachweis führen, dass die in Szólád beigesetzten Erwachsenen, deren Genom eine nord- bzw. mitteleuropäische Herkunft zu indizieren schien, eingewandert waren – wenn auch der genetische Befund bisher noch nicht erlaubte, die Gruppe der Zugewanderten innerlich zu differenzieren. Insoweit stand der gewonnene Befund zumindest nicht in Widerspruch zu den Aussagen der Schriftquellen. Zudem ergab sich eine hohe Wahrscheinlichkeit, dass die in Collegno beigesetzten Personengruppen zum größeren Teil mit denen, die man in Ungarn gefunden hat, eine weitreichende genetische Übereinstimmung aufwiesen, d. h. von diesen (im weitesten Sinne) abstammen könnten.

Ein weiteres Ergebnis der Untersuchungen legt nahe, dass Lage und Verteilung der Gräber auf beiden Friedhöfen die biologische Verwandtschaft zwischen beigesetzten Individuen spiegelt. Die Menschen mit dem Genom nordalpiner Herkunft waren an beiden Begräbnisorten jeweils in mehreren Verwandtschaftsgruppen bestattet worden, wohingegen die Individuen der Gruppe mit dem südeuropäischen Genom keine nähere Verwandtschaft untereinander aufwiesen. Dies scheint den Schluss nahezulegen, dass die Angehörigen der beiden Gruppen verschiedenen Mustern in ihrer Zusammensetzung und auch der Auswahl ihrer Ehepartner folgten. Ein weiteres vorläufiges Resultat ist, dass nur wenige der bestatteten Frauen ihre genetischen Merkmale mit denen der ortsfremden Männer teilten. Andere könnten einen niedrigeren Status gehabt zu haben, denn sie sind mit einem deutlichen räumlichen Abstand zu diesen beigesetzt worden. Die Frage, in welchem Umfang die Einwanderer demnach in Verwandtschaftsverbänden gekommen sind bzw. sich ihre Ehepartnerinnen unter der örtlichen Bevölkerung gesucht haben, wird auf der Grundlage dieses Befundes gegenwärtig einer neuen Bewertung unterzogen.

Zum jetzigen Zeitpunkt – also eher am Beginn als am Ende der Etablierung einer neuen Forschungsrichtung – darf festgehalten werden, dass die Befunde der Genetik die Annahme von Wanderung und Vermischung erhärten, und mit Verwandtschaft und Heiratsverhalten neue Perspektiven freigeben, deren Interpretation jedoch noch ganz am Anfang steht. Dass mit genetisch feststellbaren Unterschieden kaum verlässliche Aussagen über subjektive Faktoren wie Identität getroffen werden können, ist dabei freilich ebenso im Blick zu behalten wie die Tatsache, dass die meisten der aus der Vermischung zweier Gruppen resultierenden Veränderungen natürlich nicht genetisch vorbestimmt waren; diese bildeten vielmehr, wie im Folgenden noch darzustellen sein wird, das Resultat politischer Entscheidungen und soziokultureller Entwicklungen. Auch die volle Tragweite neuer Erkenntnismöglichkeiten ist momentan noch nicht absehbar. Lassen sich beispielsweise die in den Schriftquellen als Verwandtschaftsverbände charakterisierten

«Fahrtgemeinschaften» (*farae*) mit der genetisch feststellbaren Verwandtschaft von in Gräbern beigesetzten Individuen in Verbindung bringen? Und wie hat sich der genetische Fingerabdruck an einem Ort bestatteter Personen über längere Zeiträume verändert?

2. In Italien ankommen: Die Konsolidierung der langobardischen Herrschaft (584–636)

Mit ihrer Landnahme gerieten die Langobarden in Italien in ein dynamisches Kräftefeld, das von verschiedenen Herrschaftsverhältnissen beeinflusst war. Gerade die Auseinandersetzung mit den lokalen Mächten in Italien erzeugte einen enormen Druck, ihre Herrschaft stärker zu organisieren. Dabei konnten die Langobarden allerdings auch auf zahlreiche Ressourcen und Infrastrukturen zugreifen, die sie in Italien vorfanden. Zudem veränderten ihrerseits die in Italien seit Jahrhunderten etablierten Modelle der Begründung von Autorität auch den Charakter des langobardischen Königtums und ihres Gemeinwesens.

Die Herzöge: Eine stadtbasierte Militäradministration

Im Langobardenreich gab es über dreißig Herzöge, die sich in den Städten Oberitaliens einrichteten und von dort das Umland und teils auch die Alpenübergänge nach Norden und Westen kontrollierten – etwa in Cividale, Verona, Brescia, Trient, Treviso, Bergamo, Mailand, Ivrea, Turin und Asti. Damit setzten sie sich gleichsam an die Spitze der städtischen Körperschaften, in deren Händen in römischer Zeit beispielsweise die Steuererhebung gelegen hatte und die auch über eigene Gebiete verfügten. In diesen Städten bezogen die Herzöge jeweils eine eigene Residenz.

Neben den erwähnten *farae* als verwandtschaftsbasierten Siedlungsverbänden der Eroberungszeit unterstanden den Herzögen in den eroberten Gebieten professionelle Krieger, die aufgrund ihrer Funktion «Heerleute» (*arimanni*, *exercitales*) genannt wurden. Rechtlich frei, verfügten diese über Erbgut, waren möglicherweise auch auf dem Fiskus gehörigem Land ansässig, welches sie an ihre Söhne weitergeben durften, sofern diese ihren Militärdienst übernahmen; in späterer Zeit hatten auch ihre Frauen Rechte an diesem Land. Obwohl viele von ihnen in Dörfern lebten, waren die Heerleute doch jeweils einer Stadt und damit einem Herzog zugeordnet. Im Laufe der Zeit wuchsen auch Römer in diese Position hinein.

Der militärische Grundzug des neuen Gemeinwesens und eine dem Kriegerischen verpflichtete Vorstellungs- und Wertewelt bestimmten den Status der «Heerleute». In großer Zahl sind sie auf regelmäßigen Heeresversammlungen bezeugt, auf denen später auch die meisten der langobardischen Gesetze verabschiedet wurden. Doch auch bei Gerichtsversammlungen, nicht nur solchen des Königs, traten sie häufig auf, weil sie als Zeugen hohes lokales Ansehen genossen. Wahrscheinlich verpflichtete sich die langobardische Militärelite dem König auch eidlich, wie es bereits im römischen Heer üblich gewesen war, in dem die Langobarden als Föderaten gedient hatten. Trotzdem ist es wichtig, dass nach der Niederlassung in Italien zunächst nicht das Königtum, sondern die stadtbasierten Herzogtümer die wichtigste Funktionseinheit des sich in Italien etablierenden langobardischen Gemeinwesens bildeten. Auch die langobardischen Könige wurden fast immer aus den Reihen der Herzöge rekrutiert. Während des Interregnums, das sich an die Ermordung König Clephs im Jahr 574 anschloss, traten die Machtfülle und Unabhängigkeit der Herzöge deutlich hervor. Offenbar kam es während dieser Zeit zu zahlreichen Plünderungen und Tötungen eingesessener Römer.

Das Exarchat von Ravenna und die langobardische Monarchie

Natürlich war das römische Imperium nicht bereit, den Verlust erheblicher Teile Italiens einfach so hinzunehmen. Doch hingen die Interventionsmöglichkeiten Konstantinopels von Faktoren ab, die z. T. mit Italien selbst gar nichts zu tun hatten, wie z. B.

dem Kampf gegen Perser und Awaren an anderen Reichsgrenzen. Umso wichtiger war eine Reorganisation der in Italien bereits vorhandenen militärischen Ressourcen. Unter dem oströmischen Kaiser Maurikios (582–602) wurden zum Schutz der römischen Gebiete Italiens gegen die Langobarden militärische und zivile Befugnisse in den Händen eines mächtigen, direkt dem Kaiser verantwortlichen obersten Militärkommandeurs konzentriert. Dieser sog. «Exarch» residierte in der alten Kaiserstadt Ravenna. Die Reform verlieh den römischen Militärverbänden größere Schlagkraft und Widerstandsfähigkeit. Zugleich war sie Ausdruck einer neuen Strategie, mit der Konstantinopel auf die Entwicklungen im Westen zu reagieren suchte. Von den in Ravenna eingesetzten Exarchen, die in der Regel aus dem griechischen Osten stammten, waren einzelne so mächtig und ambitioniert, dass sie sich sogar selbst zum westlichen Kaiser ausrufen ließen.

Das Exarchat von Ravenna kommandierte die Gebiete des «nichtlangobardischen» Italiens. Zu ihm gehörten mehrere römische Herzogtümer bzw. «Dukate», die in Istrien und Venetien, dem Gebiet um Ravenna und Bologna, der sog. Pentapolis (fünf Städte an der Adria um Rimini), Ligurien, Rom und Neapel eingerichtet wurden. Mit der langobardischen Eroberung war Italien zu einem Gebiet geworden, durch das sich eine militärische Grenzlinie zog: Während die langobardischen Gebiete vor allem die oberitalienischen Städte in Alpennähe (Piemont, Lombardei), der Poebene, in Binnenvenetien und Friaul, der Toskana sowie Spoleto und im Süden Benevent umfassten, kontrollierte Ostrom über das Exarchat von Ravenna die Küstenstädte des adriatischen und tyrrhenischen Meeres, Rom, Kalabrien und Apulien. Die großen Inseln Korsika und Sardinien waren dagegen einem weiteren Exarchen im nordafrikanischen Karthago unterstellt, Sizilien einem eigenen Funktionär. Daran wird deutlich, welche Bedeutung der römischen Flotte zukam, um Italien zu schützen.

Durch hohe Tributzahlungen suchten die Kaiser zeitweise die Franken dafür zu gewinnen, Truppen über die Alpen zu entsenden, damit sie auf römischer Seite gegen die Langobarden kämpften. Die dadurch gegebene Gefahr der Einschließung bedeutete bereits nach zehn Jahren das Ende des langobardischen «Interregnums». 584 wurde, wie bereits erwähnt, mit Authari (584–590) ein Sohn König Clephs zum König erhoben. Wie Paulus Diaconus schreibt, traten unter Authari die am Fortbestand des Langobardenreiches interessierten Herzöge *«zur Wiederherstellung die volle Hälfte ihres Wirtschaftsvermögens (substantia) zur königlichen Verwendung ab. Damit sollte eine materielle Basis geschaffen werden für den Unterhalt des Königs, seines Gefolges und seiner Beamten in den verschiedenen Aufgabenbereichen»* (*HL III,16*). Derselbe Autor berichtet an anderer Stelle (*HL II,32*) davon, dass in den langobardischen Gebieten lebende Römer auf «Gastgeber» (*hospites*) aufgeteilt worden seien und als Steuerzahler (*tributarii*) ein Drittel ihrer Erträge den Langobarden hätten abliefern müssen. Daher kann die Integration der langobardischen Verbände in Italien nicht allein auf deren Inbesitznahme von Land beruht haben. Vielmehr dürfte auch ein Teil der Steuern, die traditionell die römische Provinzverwaltung von allen Römern erhoben hatte, den Langobarden überwiesen worden sein – wahrscheinlich im Zuge eines deutlich vereinfachten Abgabenwesens, das trotz der Ereignisse von 568 nicht völlig zusammengebrochen war. Neben der gewaltsamen Inbesitznahme von Gütern gab es also auch eine «geregelte» Integration der Langobarden in die vorhandenen Abgaben-, Besitz- und Leistungsstrukturen Italiens. Die Langobarden erhielten ein Drittel aus den Steuererträgen des in ihrem Reich gelegenen Grundbesitzes, welcher überwiegend von Römern bewirtschaftet wurde. Damit ließen sie sich gewissermaßen für ihre militärische «Dienstleistung» entlohnen – die Verteidigung, den Schutz und die Verwaltung der von ihnen beherrschten Teile Italiens. Im Ergebnis entwickelte sich schon bald eine landbesitzende langobardische Militärelite, deren Mitglieder in den Rang einer Aristokratie aufsteigen konnten. Zu diesem institutionellen und ökonomischen Substrat des langobardischen Königtums kamen zahlreiche Königsgüter bzw. Krondomänen, die auf die Inbesitznahme einstiger kaiserlicher Domänen zurückgehen. Die Könige ließen sie von ihnen direkt verpflichteten sog. Gastalden verwalten, die auch militärische und jurisdiktionelle Funktionen wahrnahmen und ein wichtiges Element einer administrativen Ordnung bildeten, in der es keine Trennung zwischen Militär- und Zivilverwaltung mehr gab. Mit ihrer Hilfe kam es auch zum Neuaufbau eines königlichen Schatzes.

Als seinen Regierungssitz erwählte König Authari die gut befestigte Stadt Pavia (*Ticinum*), die früher eine Residenz des Ostgotenkönigs Theoderich gewesen war. Pavia lag gut dreißig Kilometer südlich der bischöflichen Metropole und einstigen Kaiserhauptstadt Mailand, an einem Seitenfluss des Po. In Oberitalien nahm es eine zentrale Position ein. Über die Via Aemilia, eine der Hauptverkehrsachsen Oberitaliens, waren die Emilia und auch die südlich des Apennins gelegenen Teile des Langobardenreiches gut erreichbar. Doch erst im Laufe des 7. Jahrhunderts wurde Pavia zur eigentlichen «Hauptstadt».

König Authari nahm als Herrschertitel den römischen Gentil- und Kaisernamen *Flavius (rex)* an, wodurch er die Legitimität der mit Gewalt errungenen Langobardenherrschaft auch von den Römern anerkannt wissen wollte. Der Absicherung seiner Position diente ferner eine dynastische Politik mit Ehebündnissen. Nachdem Pläne gescheitert waren, eine fränkische Königstochter zu ehelichen – die Franken schlugen sich letztlich auf die Seite Ostroms und griffen die Langobarden wiederholt in Oberitalien an –, heiratete Authari schließlich im Jahr 589 Theodelinde, eine Enkelin des langobardischen Königs Wacho. Außerdem war Theodelinde eine Tochter des Bayernherzogs Garibald I. Damit wurde eine transalpine Verbindung von Langobarden und Bayern begründet, und zwar ungeachtet der Tatsache, dass Bayern eigentlich ein Herzogtum des Frankenreiches war.

Agilulf (590–616), Theodelinde und zwei Königserhebungen in Mailand

Nach sechs Regierungsjahren, in denen er Reich und Königtum der Langobarden in einer schwierigen Situation konsolidiert hatte, starb König Authari im September 590 in Pavia, möglicherweise infolge eines Giftanschlags. Er hinterließ keine Kinder, die ihn auf dem Thron hätten beerben können. Paulus Diaconus berichtet, dass seine Witwe Theodelinde sich bei den Langobarden so große Sympathien erworben hatte, dass sie ihre königliche Stellung behalten durfte und sich unter den Langobarden einen geeigneten Mann als neuen König aussuchen sollte; nach Beratungen mit den Großen habe sie Agilulf, den Herzog von Turin, *«für sich als Gatten und für die Langobarden als König»* erwählt (*HL III,35*). Agilulf war in der mütterlichen Linie mit Authari verwandt. Möglicherweise wollten die langobardischen Herzöge auf diese Weise auch die gerade eingegangene Allianz mit Bayern erhalten, zumal Theodelindes Bruder Gundoald von Authari als Herzog von Asti eingesetzt worden war. Doch wird mit Recht vermutet, dass letztlich die Königin selbst, die aufgrund ihrer Herkunft hohes Ansehen genoss und zahlreiche politische Kontakte unterhielt, die Entscheidung zugunsten Agilulfs getroffen haben muss. Die weibliche Linie war offenbar wichtig in der königlichen Deszendenz (Abkunft), wie es bereits der eingangs erwähnte Ursprungsmythos mit Gambara (*OGL*) anzudeuten scheint.

Im November 590, bei seiner Hochzeit mit Theodelinde, nahm Agilulf die Königswürde an, um im folgenden Jahr in der alten kaiserlichen Residenzstadt Mailand auf einer Heeresversammlung vom langobardischen Volk zum König erhoben zu werden (*HL III,35*). Auf einer Votivkrone ließ sich Agilulf als erster langobardischer Herrscher als *«König von ganz Italien durch die Gnade Gottes»* (*gratia Dei rex totius Italiae*) titulieren. Anspruch und Wirklichkeit gingen allerdings auseinander. In den folgenden Jahren lieferte Agilulf sich zahlreiche militärische Auseinandersetzungen mit dem Exarchen von Ravenna, der sogar Tochter und Schwiegersohn seines Gegners nach Ravenna entführen ließ. Immer wieder wurden befristete Waffenstillstände mit dem Exarchen vermittelt. Territoriale Zugewinne der Langobarden erlaubten Agilulf schließlich einen einjährigen Frieden mit Kaiser Phokas (602–610) in Konstantinopel abzuschließen, der später jahrweise verlängert wurde. Zu mehr war Konstantinopel nicht bereit.

Während seiner langen Regierungszeit rebellierten u.a. die Herzöge von Verona, Bergamo, Treviso, Trient und Friaul gegen Agilulf, dem es jedoch gelang, die Aufstände niederzuschlagen und gelegentlich auf dem Wege der Begnadigung wieder Ruhe herzustellen. Im Jahr 604 ließ er seinen zweijährigen Sohn Adaloald in Mailand zum Mitkönig erheben und bei dieser Gelegenheit gleichzeitig mit einer Tochter des fränkischen Königs Theudebert II. verloben, was mit einem ewigen Frieden zwischen Langobarden und Franken verknüpft wurde. Erneut fanden die Feierlichkeiten in Mailand statt, vor einer Heeresversammlung im Zirkus, wobei die Erhebung des Königssohnes zum Mitregenten noch zu Lebzeiten des Vaters unverkennbar dem Modell der Mitkaisererhebung im römischen Imperium folgte. Die in Mailand getroffene Thronfolgeregelung war offenbar eine Weichenstellung, um dem langobardischen Königtum in Verbindung mit den Franken zu einer dauerhaften Position in Italien zu verhelfen, die auch von den Römern unter seiner Herrschaft anerkannt werden konnte.

Königin Theodelinde, Papst Gregor I. und der Domschatz von Monza

Ein folgenschwerer religionspolitischer Kurswechsel kam hinzu. Agilulf folgte eigentlich einer dogmatischen Spielart des christlichen Glaubens, deren Vertreter die Wesensgleichheit von Gottvater und seinem Sohn Jesus Christus bestritten und damit die Position des Sohnes gegenüber dem Vater relativierten (sog. «Arianismus»). Von den allgemeingläubigen («katholischen») Römern wurde diese Sichtweise als Irrlehre abgelehnt. Offenbar hatte Agilulf auch Güter katholischer Kirchen konfiszieren lassen. Seine Frau Theodelinde hatte demgegenüber das katholische Bekenntnis trotz ihrer Ehe mit Agilulf beibehalten. Mit Erfolg drang sie darauf, dass der gemeinsame Sohn Adaloald, der im Königspalast von Monza (15 Kilometer nördlich von Mailand) geboren worden war, katholisch erzogen würde. Die Taufe Adaloalds, mit dem Abt Secundus von Trient als Taufpaten, fand in einer kurz zuvor auf Geheiß Theodelindes in Monza errichteten Kirche statt, die Johannes dem Täufer geweiht worden war. Diese Basilika hatte Theodelinde mit Gold, Silber und umfänglichem Grundbesitz reich ausstatten lassen. Sie war wiederum unmittelbar der alten ostgotischen Königspfalz in Monza benachbart, die Theodelinde wiederherstellen und durch Fresken mit Szenen aus der langobardischen Geschichte ausschmücken ließ. Paulus Diaconus, der den Palast aus eigener Anschauung kannte, fiel an den Bildern auf, *«welchen Haarschnitt damals die Langobarden trugen, wie sie gekleidet waren und wie sie aussahen: So hatten sie den Nacken bis zum Hinterhauptscheitel kahlgeschoren, während sie vorn die Haare bis auf die Höhe des Mundes lang ließen und sie mit einem Mittelscheitel nach beiden Seiten kämmten. Ihre Kleidung war weit und überwiegend aus Leinen, wie dies bei den Angelsachsen üblich ist, dabei geschmückt mit recht breitem, in bunten Farben gehaltenem Besatz. Ihre Schuhe aber waren bis an die große Zehe offen und wurden von beiden Seiten her durch die Schlingen der Schnürriemen gehalten»* (*HL IV,22*). Die als langobardische Eigenart gepriesene Haartracht, das Haupthaar vom Mittelscheitel nach vorne herabhängen zu lassen, ist auch auf Siegelringen und späteren Münzbildern bezeugt und erinnert an das Täuschungsmanöver der langobardischen Frauen im eingangs zitierten Namengebungsmythos (*OGL*). Die dem Palast benachbarte Basilika sollte Johannes den Täufer als langobardischen «Reichspatron» in Anspruch nehmen (*HL IV,21; V,6*). Aus Rom übersandte Papst Gregor I. (590–604) als Geschenk eine Reliquie des hl. Kreuzes und ein Evangeliar nach Monza (*HL IV,27; RE XIV,12*). Auch wenn von der frühmittelalterlichen Kirche selbst außer einer Altarplatte und zwei Marmorplatten heute nichts mehr erhalten ist, befinden sich doch bedeutende Ausstattungsgegenstände der Basilika noch heute im Domschatz von Monza. Dazu gehören u. a. der mit Edelsteinen besetzte Prachteinband des von Papst Gregor der Johanneskirche gestifteten Evangeliars mit der Widmungsinschrift der Stifterin Theodelinde; ein von Gregor anlässlich der Taufe Adaloalds geschenktes goldenes Brustkreuz mit der erwähnten Kreuzreliquie; eine Stiftungskrone König Agilulfs mit herabhängendem Kreuz, auf der Christus, zwei Erzengel und die zwölf Apostel abgebildet sind und welche die Widmungsinschrift mit dem früher erwähnten Herrschertitel enthält; und eine wohl von Königin Theodelinde gestiftete goldene, mit Edelsteinen besetzte Votivkrone. Ob die im Domschatz befindliche berühmte sog. «Eiserne Krone», welche den Einband dieses Buches ziert, mit Theodelinde in Verbindung gebracht werden kann, ist umstritten; dass sie aus langobardischer Zeit stammt, hingegen nicht. In der von ihr gestiftenen Johannes-Basilika ließ sich die Königin, die um 626 starb, auch selbst beisetzen. Mit ihrem Grab, aber wohl auch denjenigen Agilulfs und Adaloalds hatte sie in Monza vermutlich eine königliche Grablege begründen wollen. Politische und dynastische Entwicklungen sorgten dafür, dass es anders kam.

Briefe Gregors I. aus dieser Zeit zeigen, wie viel Umsicht und diplomatisches Geschick gefragt waren, damit der Papst als Stadtherr Roms und als Kirchenfürst auf die langobardische Bedrohung reagieren konnte, die vor allem von den südlichen langobardischen Herzogtümern ausging. So zog etwa Ariulf, der Herzog von Spoleto, offenbar ein Heide, mit Unterstützung des Herzogs Arichis von Benevent im Jahr 591 bis vor Rom, was den Papst zum Abschluss eines riskanten Separatfriedens nötigte, der den Abzug der Truppen des Arichis gegen Tributzahlungen aus der päpstlichen Kammer vorsah (*RE V,36*). Romanus, der Exarch von Ravenna, weigerte sich, einem solchen Frieden beizutreten (*RE II,45*), was Gregors Vorgehen in die Nähe von Hochverrat zu rücken schien. Als Romanus stattdessen gegen den Herzog von Spoleto zog, intervenierte schließlich König Agilulf militärisch und rückte ebenfalls auf Rom vor, wodurch sich der Konflikt rasch ausweitete. In einer in diesem Zusammenhang entstandenen Predigt zum Buch Ezechiel schildert Papst Gregor voller Entsetzen die Brutalität, mit der die Langobarden gefangene römische Soldaten mit abgehackten Händen nach Rom zurückschickten, während andere als Kriegsgefangene auf auswärtigen Sklavenmärkten verkauft wurden (*Homil. in Ezechielem II, 10, 22, 24, Praefatio*). Ein Geschichtsschreiber berichtet, Gregor habe König Agilulf auf den Stufen der Peterskirche getroffen und ihn gegen die Zahlung eines Tributes von 500 Pfund Gold zum Rückzug nach Mailand bewogen *(MGH AA IX, 339)*, womit er erneut riskierte, beim Kaiser in Ungnade zu fallen (*RE V,36*). Erst 595 konnte Gregor durch seine Kontakte zum langobardischen Hof (*HL IV,9*) Friedensverhandlungen vermitteln, die zum Abschluss eines einjährigen Vertrages zwischen einerseits Agilulf sowie den Herzögen von Spoleto und Benevent und andererseits dem neuen Exarchen Callinicus im Namen von Kaiser Maurikios führten, welcher später um ein weiteres Jahr verlängert wurde (*RE IX,44)*. Gregor sandte anschließend ein Dankesschreiben nicht nur an König Agilulf (*RE IX,66*), sondern ebenso eines an Königin Theodelinde (*RE IX,67*; vgl. *HL IV,9*). Er betonte darin das Verdienst, das sie sich um das Blut erworben habe, das anderenfalls *«auf beiden Seiten hätte vergossen werden müssen»*, und bat sie darauf hinzuwirken, dass ihr Gemahl *«sich nicht einer Verbindung mit dem christlichen Gemeinwesen verweigere»*.

Der politischen folgt die kirchliche Fragmentierung: Rom, Mailand und Ravenna um 600

Als «Patriarch des Westens» übte Papst Gregor I. die Kirchenhoheit über Italien aus, wobei ihm gemäß der innerkirchlichen Hierarchie Oberitaliens die Metropolitanbischöfe von Mailand und Aquileia und auch der Erzbischof von Ravenna wichtige Unterstützung leisteten. Durch die langobardische Eroberung geriet diese Kirchenordnung ins Wanken. Eine Anzahl von Bischofssitzen blieb infolge der Invasion eine Zeit lang unbesetzt, aber auch die darüber liegende Kirchenhierarchie war gefährdet. Der Patriarch von Aquileia floh auf die vorgelagerte, von den Langobarden nicht zu erobernde Insel Grado und bezog dort seine Residenz. Der Mailänder Oberhirte ging nach Ligurien, welches die Langobarden ebenfalls nicht hatten in Besitz nehmen können, und residierte fortan in Genua. Zur selben Zeit sah der Erzbischof von Ravenna, der sich dem Primat Roms nur unwillig fügte, mit der Begründung des Exarchats in seiner Stadt die Chance gekommen, sich aus der Bevormundung Roms zu lösen.

In die aus den Fugen geratene kirchliche Ordnung wucherte nun mit theologischem Dissens ein wirklicher Spaltpilz hinein. Zum Arianimus, der bei den Langobarden viele Anhänger fand, kam mit dem sog. «Dreikapitelstreit» noch ein weiterer religiöser Konflikt hinzu. In der damals aufs Heftigste diskutierten Streitfrage, in welchem Verhältnis in Christus dessen göttliche und dessen menschliche Natur zueinander stünden, hatte der römische Kaiser Justinian von einem ökumenischen Konzil in Konstantinopel (553) drei theologische Schriften («Drei Kapitel») verurteilen lassen, in denen seiner Ansicht nach zu streng zwischen diesen beiden Naturen Christi unterschieden worden war. In Italien, Nordafrika und dem Illyricum gab es dagegen heftigen Widerstand, der erhebliche Verwerfungen nach sich zog und vielerorts ins Schisma (Kirchenspaltung) führte. Die Gegner zogen nicht nur die Kirchenhoheit des Kaisers in Zweifel, sondern auch diejenige Roms, weil das Papsttum der Politik Kaiser Justinians gefolgt war. In Mailand, von wo der Bischof geflohen war, suchte König Agilulf aus der Sedisvakanz (der Zeit des unbesetzten Bischofsthrons) Kapital zu schlagen, indem er dort einen Bischof aus den Reihen der von ihm begünstigten Dreikapitelschismatiker wählen lassen wollte. Mit seiner Autorität vermochte Papst Gregor diesen Versuch des langobardischen Königs, die norditalienische Kirche dem Einfluss des Papstes zu entziehen, jedoch zu vereiteln, indem er den wahlberechtigten Mailänder Klerus ermahnte, dass ein Schismatiker niemals den prominenten Bischofsstuhl des ehrwürdigen Ambrosius einnehmen dürfe.

In Ravenna, wo päpstlicher Einfluss bei Bischofswahlen nicht gerne gesehen war, musste der Papst noch geschickter agieren, um die römische Autorität zur Geltung zu bringen. Eine wichtige Rolle spielte dabei das Pallium – eine Amtsinsignie, die der Papst jedem neu gewählten Erzbischof zu verleihen hatte. Dies nutzte Gregor I. wiederholt, um die römische Oberhoheit nicht nur symbolisch zum Ausdruck zu bringen. Das Unabhängigkeitsstreben der Erzbischöfe von Ravenna sollte daher erst im späteren 7. Jahrhundert seinen Höhepunkt erreichen.

Der Dreikapitelstreit und die Spaltung des Patriarchats von Aquileia

Wie König Agilulf die religiösen Konflikte Italiens, die vor Ankunft der Langobarden aufgeflammt waren, für sich zu nutzen verstand, zeigt die Spaltung des Patriarchats von Aquileia. Als Hauptstadt Venetiens und Istriens, unweit der Küste gelegen, war Aquileia in der Spätantike Kaiserresidenz und Sitz eines bedeutenden Bischofs gewesen, der den Ehrentitel «Patriarch» trug und behauptete, seine Kirche sei vom Evangelisten Markus und dessen Schüler Hermagoras gegründet worden. Der Einfall der Langobarden im Jahr 568, der sie direkt durch Friaul führte, hatte nun allerdings zur Folge, dass *«der heilige Patriarch Paulus sich aus Furcht vor der Wildheit der Langobarden aus Aquileia auf die Insel Grado hinüberflüchtete und den ganzen Kirchenschatz mit sich nahm» (HL II,10)*. Auf diese Weise geriet das Patriarchat also nicht unter langobardische Herrschaft, sondern befand sich fortan als «Neu-Aquileia» im Gebiet der Laguneninsel Grado, einem alten römischen Hafen, welcher der Administration des mächtigen Exarchen von Ravenna unterstand. Wiederholt zwangen die Exarchen die Aquileienser Patriarchen einzulenken und die drei Kapitel zu verurteilen, doch als man sich dort widersetzte, ließen sie den Bischofssitz unbesetzt, bis dort ein loyaler Patriarch gewählt würde. Als im Jahr 607 der neu eingesetzte Patriarch Candidianus offiziell nachgab, wählten die ihm unterstellten Bischöfe, die auf dem Festland unter langobardischer Herrschaft standen, da sie an den «Drei Kapiteln» festhielten, einen eigenen Metropolitanbischof namens Johannes. Dieser beanspruchte für sich nicht minder, rechtgläubiger Fortsetzer des alten Aquileia zu sein, obschon er direkt der langobardischen Herrschaft unterstand. Dass die Bischöfe diesen Bruch mit ihrem «eigentlichen» Patriarchen riskierten und durch die Wahl eines eigenen Patriarchen in ein offenes Schisma eintraten, wäre undenkbar gewesen, wären sie sich in ihrem Vorgehen nicht der Unterstützung durch den langobardischen König sicher gewesen. Agilulf, obwohl mit der arianischen Glaubensrichtung sympathisierend und mit einer

Katholikin verheiratet, förderte, beraten von Secundus von Trient, den Dissens in einer theologischen Streitfrage, von der die Langobarden selbst gar nicht betroffen waren. Wie schon sein gescheitertes Bemühen in Mailand erkennen ließ, war er sich der allgemeinen politischen Bedeutung dieser eigentlich kirchlich-dogmatischen Fragen voll bewusst. Nun gab es also zwei Patriarchate Aquileia: einmal Grado als Neu-Aquileia, das der oströmischen Herrschaft unterstand und dem Reichsdogma Konstantinopels folgte, und Alt-Aquileia, das seinen Sitz auf langobardischem Gebiet hatte und eine Verurteilung der «Drei Kapitel» ablehnte. Agilulf konnte über diese «Landeskirche» eine gewisse Kontrolle ausüben.

Die langfristigen Folgen dieser Entscheidung waren enorm. Zwischen Alt- und Neu-Aquileia, die nicht einmal 15 Kilometer voneinander entfernt lagen, verlief die Nahtstelle einer historisch bedeutsamen Mächtekonstellation; letztlich ging es um den politischen Interessensgegensatz zwischen dem römischen und dem langobardischen Reich. Schon im 7. Jahrhundert führte dieser Gegensatz verbunden mit der militärischen Expansion der Langobarden dazu, dass die ca. achtzig Kilometer weiter westlich gelegene venetische Stadt Altinum, deren Bewohner ebenfalls unter den Druck der Langobarden gerieten, nach dem Vorbild Aquileias mitsamt ihrem Bischof dauerhaft in die Lagune umzogen, und zwar auf eine Insel namens Torcello, wo sich ihr alter Hafen befand. Eine noch heute auf Torcello erhaltene Inschrift des Jahres 639, in einer dort zu Ehren der «Gottesgebärerin Maria» (*Maria Dei genetrix*) geweihten Kirche aufgestellt, erinnert an die Beteiligung des Exarchen Isaak von Ravenna, des örtlichen Militärkommandeurs und des römischen Heeres an dem umfassend geplanten Umzug. Torcello markierte den Nucleus einer neuartigen Lagunensiedlung und wurde gemeinsam mit weiteren Laguneninseln zur Keimzelle des späteren Venedigs. Zusammen mit Istrien und Grado blieb Venedig damit unter oströmischer Herrschaft und dadurch langobardischem Einfluss weitestgehend entzogen.

Columban, Agilulf und die Gründung des Klosters Bobbio (613)

Zu den Kritikern der römischen Dreikapitelpolitik gehörte auch ein irischer Mönch namens Columban. Er hielt dem Papst Bonifatius IV. in einem Brief (*EPC 5,10*) vor, «Irrgläubige» zu protegieren, da er wie schon seine päpstlichen Vorgänger die Position Konstantinopels in der Dreikapitelfrage anerkannt habe. Aus Irland kommend, hatte Columban zunächst als wandernder Mönch im benachbarten Frankenreich Klöster gegründet. Weil er jedoch kein Blatt vor den Mund nahm, lautstark die Ehepolitik des merowingischen Königshauses kritisierte und sich weigerte, königliche Kinder trotz ihrer illegitimen Geburt zu segnen, geriet er in Konflikt mit dem frankoburgundischen Königshof und musste das Frankenreich schließlich im Streit verlassen. Im Langobardenreich fand er nicht nur Aufnahme, sondern am Königshof vornehmste Unterstützung. König Agilulf überließ ihm im gebirgigen Tal der Trebbia im westlichen Apennin, etwa fünfzig Kilometer südlich von Piacenza, ein aufgelassenes Landgut mit einer zerstörten Kirche, wo Columban das Kloster Bobbio gründete. An diesem abgeschiedenen Ort, den Agilulf mit reichem Grundbesitz ausstatten ließ, verblieb Columban bis zu seinem Lebensende im November 615 und wurde dort auch beigesetzt.

Bobbio war die erste Klostergründung im Langobardenreich. Welches Interesse mag Agilulf und seine Frau Theodelinde dazu bewogen haben, Columbans Gründung so tatkräftig zu unterstützen? Zumindest wurde dort kein König beigesetzt, und auch die in der Urkunde für Bobbio erwähnte Verpflichtung der Mönche, für das Königspaar zu beten, geht auf eine spätere Interpolation zurück, möglicherweise sogar das Petrus-Patrozinium (Schutzherrschaft Petri) des Klosters, was auf Rom verwies. Persönliche religiöse Motive des Königs (wie sie bei späteren Klostergründungen bezeugt sind) kommen in diesem Fall also nicht in Betracht. Dass das Kloster als Missionszentrum zur Bekehrung der Langobarden gedacht war, ist angesichts seiner abgeschiedenen Lage ebenfalls unwahrscheinlich. Columban genoss aufgrund einer von ihm konzipierten Klosterregel hohe Autorität; als Theologe hatte er zudem eine – heute verlorene – Streitschrift gegen den Arianismus verfasst. Viel spricht daher dafür, dass Agilulf und Theodelinde die Gründung des Klosters Bobbio förderten, um damit ihrerseits ein theologisches Zentrum zu begründen. Dieses sollte den Kontakt zum Papsttum pflegen, aber auch in der Lage sein, sich im Auftrag des Königshauses mit religiösen und theologischen Fragen auseinanderzusetzen. 628 erteilte Papst Honorius I. dem Kloster ein Privileg, welches Bobbio der kirchlichen Jurisdiktion des Bischofs von Piacenza entzog und direkt dem Papst unterstellte; später wurde dem Abt von Bobbio sogar das Tragen bischöflicher Amtsinsignien gestattet. Die erste langobardische Klostergründung wurde bald zum bedeutendsten Skriptorium des Langobardenreiches. Ein Teil seiner Manuskripte kam ausweislich der eigentümlichen Schrift wohl ursprünglich aus Irland und könnte von Columban selbst nach Italien mitgebracht worden sein. Eine der ältesten erhaltenen Handschriften des langobardischen Rechts wurde im 7. Jahrhundert in Bobbio geschrieben.

Mit Agilulfs Tod im Jahr 616 geriet das langobardische Königtum in Turbulenzen. Königin Theodelinde führte die Vormundschaft für ihren noch unmündigen Sohn Adaloald. Zwischen 616 und 620 wurde ihr sogar seitens des westgotischen Königs Sisebut geraten, den Arianismus im Langobardenreich gänzlich zu beseitigen, da die katholische Taufe beide Völker einen würde. Mit dem fränkischen König Chlothar II. schloss Adaloald im Jahr 616/17 einen ewigen Freundschaftsvertrag, der einer mehrere Jahrzehnte dauernden Phase langobardischer Tributabhängigkeit von den Franken sowie fränkischer Ansprüche auf Oberitalien ein Ende setzte. Als Adaloald im Jahr 626 vergiftet wurde, führte dies ein fränkischer Chronist auf den Einfluss eines oströmischen Gesandten namens Eusebius zurück, der sich den Langobardenkönig durch Anwendung von Salben hörig gemacht und ihn schließlich davon überzeugt habe, den langobardischen Adel umzubringen und sich anschließend mit dem gesamten Volk der Langobarden dem Imperium zu unterwerfen (*FC IV,49*). Die Geschichte zeigt, entlang welcher Linien Stärke und Schwäche des langobardischen Königtums diskutiert wurde.

3. Recht, Schrift, Sprache und Identität: Die langobardische Gesellschaft im 7. Jahrhundert

Der nachfolgende König Arioald (Ariwald) (626–636), der wie zuvor Agilulf Herzog von Turin gewesen war, suchte an die von diesem und Theodelinde begründete dynastische Tradition anzuknüpfen, indem er eine katholische Schwester des Adaloald namens Gundeperga heiratete. Wird darin die Bedeutung der weiblichen Linie für die Thronfolge erneut sichtbar, so noch mehr dadurch, dass nach Arioalds Tod dessen Nachfolger Rothari (636–652), bis dahin Herzog von Brescia, seinerseits die – gerade verwitwete – Gundeperga heiratete. Auch Rothari nutzte entschlossen die Möglichkeit, religiösen Dissens für eigene politische Zwecke dienstbar zu machen – jedoch auf andere Weise als seine Vorgänger: *«Zu seiner Zeit hatten fast alle Städte in seinem Reich zwei Bischöfe, einen, der rechtgläubig, und einen, der Arianer war»* (*HL IV,42*). Anders als seine Vorgänger dem Arianismus zugeneigt, legte Rothari Wert darauf, dass die Langobarden sich in ihrer religiösen Identität als Arianer wieder stärker von der römischen Mehrheitsbevölkerung abgrenzten.

König Rothari (636–652), sein Edikt und das Recht des Königs

Abgrenzung und Identitätsbildung prägten auch Rotharis bedeutendste politische Leistung, die Aufzeichnung des langobardischen Rechts in einem Buch, das 388 Bestimmungen enthielt. Eine Heeresversammlung setzte es mit dem Ritual des «Speergedinges» (*gairethinx*) in Kraft und am 22. November 643 wurde dieser sogenannte «Edictus Rothari» in Pavia publiziert. Der König betonte, er habe im Konsens mit Adel, Richtern und Heer alte Gesetze ausbessern, sie ergänzen und zusammenstellen lassen, *«damit ein jeder nach Recht und Gerechtigkeit in Frieden lebe und im Vertrauen darauf gegen die Feinde kämpfe und sich und die Grenzen seines Landes verteidige»* (*ER Vorrede* u. *386*). Die Aufzeichnung stand wohl in Zusammenhang mit verlustreichen militärischen Konflikten, die Rothari zu dieser Zeit mit den Truppen des Exarchats austrug. Es waren vor allem die militärisch aktiven Gruppen unter den Langobarden, an die sich Rothari mit seiner umfassenden Rechtsaufzeichnung wandte. Die Kompilation eines solchen «Rechtsbuches» war über sein rechtspolitisches Anliegen hinaus ein identitätspolitischer Akt. In Handschriften stellte man Rotharis Edikt bald die eingangs zitierte «Herkunftsgeschichte des Volkes der Langobarden» (*OGL*) voran. Die Veröffentlichung seines Edikts datierte Rothari *«im achten Jahr meines Königtums ... und im 76. Jahr seit der Ankunft der Langobarden im Land Italien, wohin sie durch den damaligen König Alboin, meinen Vorgänger, mit Gottes Macht geführt worden sind»* (*ER, Vorrede*). Die Ankunft der Langobarden in Italien wollte er als ein Werk der göttlichen Vorsehung verstanden wissen, in deren Auftrag er als gottbegnadeter Herrscher ihr Recht aufzeichnen ließ.

Die Stellung des Königs, *«dessen Herz in der Hand Gottes liegt»* (*ER 2*), galt es zunächst als Wahrer des Rechts zu stärken. Am Anfang des Rechtsbuches steht passenderweise eine Liste der langobardischen Könige, beginnend mit dem legendären Herrscher Agilmund, endend mit Rothari selbst. Dann werden die Bestimmungen zum Schutz des Königs und der Herzöge dargetan. Wer beispielsweise dem König nach dem Leben trachtete, sollte für dieses, das schwerste aller Verbrechen, sein Leben und auch sein Vermögen verlieren *(ER 1)*. Die Strafbarkeit der bloßen Tatabsicht wie auch die Sanktionen erinnern dabei nicht zufällig an das römische Majestätsverbrechen, das den römischen Kaiser vor Angriffen schützte und offenbar bei der Definition der Rechtssphäre des langobardischen Königs Pate stand, der sich ja den römischen Kaisernamen *Flavius* zugelegt hatte. Auch Landesverrat, Rebellion und schwere Verstöße gegen die Disziplin im Heer sowie Landesflucht werden in Zusammenhang mit Hochverrat genannt. Möglicherweise war bei der Definition der Tatbestände das römische Militärrecht vorbildgebend, welches die Langobarden als Föderaten kennengelernt hatten. Ihre An-

Abb. 1: Um 1000 entstandenes Porträt König Rotharis (mit Krone und Zepter auf einem Faltthron sitzend mit Fußpodest) als Gesetzgeber mit einem hochrangigen Berater, zwei Bewaffneten (Schwert- und Lanzenträger) und einem das Diktat aufnehmenden Schreiber; auf der ausgestreckten Hand des Königs und dem Rotulus des Schreibers ist jeweils das lateinische Wort *lex* für «Gesetz» nachgetragen worden (Codex Cava dei Tirreni, Biblioteca della Badia 4, fol. 15 v)

eignung erfolgte freilich mit Änderungen: Wer eines solchen todeswürdigen Verbrechens beim König bezichtigt wurde, durfte sich durch einen Eid von diesem Vorwurf reinigen, doch konnte ihn der Kläger dann immer noch zum Zweikampf herausfordern *(ER 9)*.

Eine militante Gesellschaft, ihr monetäres «Strafrecht» und der gewöhnliche Totschlag

Im Unterschied zu den politischen Verbrechen wurden die meisten anderen Delikte mit hohen Geldsummen sanktioniert. Ob es um Diebstahl, Sachbeschädigung, Wilderei, Raub, Brandstiftung, Verwundung oder Totschlag ging: die Sanktionen für solche Verbrechen bewegten sich zwischen 20 *solidi* (Goldmünzen) bei Verweigerung der Heeresfolge gegenüber König oder Herzog (*ER 21*), die in etwa dem Wert eines Sklaven gleichkamen, und der astronomisch hohen Summe von 900 *solidi* für den heimlich oder zu zweit verübten Totschlag bzw. Mord (*ER 14*). Die Höhe der Totschlagbuße (das sog. Wergeld) richtete sich nach dem sozialen Status (Freier, Sklave usw.) und der Funktion (z.B. königliche Bedienstete, Hirte, Haussklave) des Opfers. Jede Person trug gewissermaßen ein unsichtbares «Preisschild» um den Hals. Den Normwert, an dem sich das sorgfältig austarifierte «System» der Tötungsbußen orientierte, gab der freigeborenene Krieger (*exercitalis*) ab: Im Falle seiner Tötung wurde die Zahlung einer Buße von 150 *solidi* fällig; für Leute, die aufgrund von Geburt oder Dienststellung einen höheren Rang einnahmen, war entsprechend ein Wergeld von 300 bzw. 200 *solidi* vorgesehen. Selbsthilfe war eine gängige und auch sozial akzeptierte Methode, notfalls sein Recht zu schaffen. Wiederholt ist davon die Rede, die Bestimmungen seien fixiert worden, um über die Zahlung von Geldbußen (*compositio*) *«die Fehde, das bedeutet Feindschaft»* (*faida id est inimicitia*) (*ER 45*) abzulösen. Der Edictus Rothari liest sich wie das Sittengemälde einer militanten und in hohem Maße gewaltbereiten Gesellschaft, die von männlichen Wert- und Ehrvorstellungen geradezu besessen gewesen sein muss. Seitenlange Kataloge von genau unterschiedenen Geldbußen für Kopfwunden, ausgeschlagene Augen und Vorder- sowie Backenzähne, abgehauene Nasen, Ohren, Finger, Zehen und Gliedmaßen sowie allerlei durch Hiebe und Stiche zugefügte Verwundungen sprechen eine deutliche Sprache. Je nach Schwere, Ehrverlust und Beeinträchtigung von Kampfes- und Arbeitskraft konnten sich die fälligen Geldbußen zwischen 2 und 36 *solidi* bewegen.

Ein Einzelner wäre nicht imstande gewesen, die Geldsumme für einen Totschlag allein aufzubringen, und genau darum ging es: Die Höhe der Geldbußen war auch in präventiver Absicht fixiert worden, um den Einzelnen zu überfordern. Hatte ein Langobarde einen anderen getötet und wollte dafür nicht der

Fehde der Gegenseite zum Opfer fallen, so musste er sich eine große Summe Geldes borgen – von Freunden, Verwandten oder anderen Geldgebern. Damit wurde der Konflikt gleichsam «sozialisiert», wollte man dem Teufelskreis fortgesetzter Gewalt entkommen. Immer wieder schimmert in Rotharis Rechtsbuch die Bedeutung langobardischer Verwandtschaftsverbände hindurch, welche untereinander Eheverbindungen eingingen und in denen es gerade wegen solcher Angelegenheiten immer wieder zu Gewalt und Fehde kam. Doch war einer Kriegergesellschaft, die an ihrer Verteidigungsfähigkeit festhalten musste, wenig damit gedient, wenn, wie im römischen Recht, auf schwere Delikte die Todesstrafe folgte. Die Geldbußen zeigen, dass der Gesetzgeber mehr an der Herstellung eines Konfliktausgleichs als an einer «Bestrafung» oder gar «Besserung» der Gewalttäter interessiert war.

Die «bevormundeten» Mitglieder innerhalb der langobardischen Rechtsgemeinschaft

Dasselbe Schema wurde auch auf schollengebundene Bauern (Aldionen) angewendet: *«Wer einen fremden Aldionen oder Dienstsklaven auf den Kopf schlägt, ohne dass der Schädelknochen gebrochen wird, der zahle für seinen Hieb zwei solidi, für zwei Schläge vier solidi. Die beeinträchtige Arbeitsfähigkeit und der Lohn des Arztes sind hierin nicht inbegriffen. Hat er dem Kopf noch weitere Hiebe zugefügt, so werden diese nicht mehr hinzugerechnet»* (*ER* 78). Die Aldionen setzten sich nicht nur aus Langobarden zusammen, sondern auch aus Römern, die als schollengebundene Kolonen in der Landwirtschaft tätig waren. Aber als Römer wurden sie in diesem Kontext gar nicht wahrgenommen, denn der Begriff «Aldionen» bezeichnete diejenigen unter den schollengebundenen Bauern, die einen langobardischen Herrn erhalten hatten. Über das Patronatsrecht ihres Herrn wurden Person und Arbeitskraft von Aldionen Gegenstand des langobardischen Rechts.

Mehr als ein halbes Jahrhundert nach ihrer Landnahme waren die Langobarden eine agrarische Gesellschaft von landansässigen Kriegern, Grundherren und Sklavenbesitzern geworden. Individuelles Eigentum an Land und Personen wirkte sich auf die innerfamiliäre Weitergabe von Vermögen aus, änderte die Familien- und Sozialstrukturen selbst. Doch wie passte das zu der von militärischen Werten beherrschten Gesellschaft langobardischer Krieger? Die Bedeutung des zentralen langobardischen Rechtswortes *munt* findet hierin eine Erklärung. *Munt*, d.h. «Vormundschaft», war ein Begriff des langobardischen Familienrechts, der auch römische Vorstellungen wie «Patronat» und «Schutzgewalt» in sich aufnehmen konnte. So wurde die Munt zu einem Instrument, um verschiedene Individuen und Gruppen der Gesellschaft in jene Rechtsordnung einzubinden, die um die Person des freien langobardischen Kriegers herum errichtet war. Dies galt besonders für Frauen, die keineswegs rechtlos waren, deren rechtliche «Bevormundung» im langobardischen Recht jedoch viel weiter reichte als beispielsweise in den Rechten der Römer, Franken oder Alemannen. Im Wege der Vormundschaft übten im langobardischen Recht Männer die Kontrolle über das Verhalten und Vermögen sämtlicher Frauen aus: *«Keiner freien Frau, die unter der Herrschaft unseres Königreiches nach langobardischem Recht lebt, sei es erlaubt, nach ihrem Ermessen in ihrer eigenen Rechtsgewalt, d.h. in ‹Selbstmunt› (selpmunt) zu leben, vielmehr muss sie unter der Rechtsgewalt von Männern oder doch wenigstens des Königs verbleiben; und von ihrer beweglichen und unbeweglichen Habe etwas zu verschenken oder zu veräußern habe sie keine Rechtsgewalt ohne die Einwilligung dessen, unter dessen Vormundschaft sie steht» (ER 204).* Durch Gaben und Beträge, die bei Verlobung und Heirat zu entrichten waren, kaufte der Mann der Familie seiner künftigen Frau deren Vormundschaftsrecht gewissermaßen ab. Doch als Töchter, Ehepartnerinnen und Witwen hatten Frauen verschiedene eherechtliche Versorgungsansprüche, die aus dem Grundbesitz zu bestreiten waren, der nach Auffassung des Königs und seiner Berater vor allem der Funktion dienen sollte, die materielle Grundlage für die langobardische Kriegerelite zu bilden. Im unkontrollierten Rechtshandeln von Frauen erblickten der Gesetzgeber und seine Berater daher eine mögliche Gefährdung der langobardischen Gesellschaftsordnung.

Frauenschutz wurde im Edikt zu einer wichtigen Aufgabe des Königs, der ggf. sogar zum obersten Vormund einer Frau werden konnte. Für den versuchten Frauenraub sollte ein Langobarde 900 *solidi* zahlen (*ER 186*), hälftig an die Verwandten der Frau und an den König; tötete ein Langobarde seine Ehefrau unrechtmäßig, so wurde die Höchstbuße von 1200 *solidi* fällig, ebenfalls hälftig an Verwandte und König zu entrichten (*ER 200*). In den hinaufgeschraubten Geldbußen wurde eine «öffentliche» Dimension sichtbar: Wohl auch unter christlichem Einfluss suchte der König seinen Auftrag, Personen Rechtsschutz zu gewähren, auch zwischen den Verwandtschaftsverbänden durchzusetzen. Gleichzeitig erlauben solche Bestimmungen und weitere zur Berührung, Vergewaltigung und Beschuldigung von Frauen den Rückschluss, dass diese offenbar vielfältigen Gefährdungen ausgesetzt waren.

Ethnische Rechtsidentität als Mittel zur kontrollierten Vermehrung der Langobarden

An der Einwanderung der Langobarden nach Italien waren, wie bereits erwähnt, auch Angehörige zahlreicher weiterer Völker beteiligt gewesen. Für die Eroberungszeit sind daher exklusive, klare Kriterien einer langobardischen Volkszugehörigkeit kaum namhaft zu machen. Die ethnische Identität der Langobarden und der mit ihnen ins Land gekommenen Verbände musste im Zuge ihrer Sesshaftwerdung in Italien, der Aneignung und Weitergabe von Grundbesitz sowie der partiellen Vermischung mit der einheimischen Bevölkerung tiefgreifende Veränderungsprozesse durchlaufen. Rotharis Edikt markierte in dieser Hinsicht einen Abschluss – zwei Generationen nach der Inbesitznahme Italiens, in einer neuen Phase der langobardischen Akkulturation. Das «Langobardesein» entwickelte sich zu einem militärisch konnotierten Rechtsstatus, der nicht jedem offenstehen durfte, wenn verhindert werden sollte, dass die Langobarden in der Mehrheit der Römer aufgingen. Das Rechtsbuch musste also fixieren, wer künftig als «Langobarde» gelten solle, denn es durfte nicht unklar bleiben, auf welche Personen das langobardische Recht überhaupt anzuwenden war. Wie also wurde ein Individuum im rechtlichen Sinne zum Langobarden bzw. zur Langobardin?

Geburt, Eheschließung und Freilassung waren die wichtigsten Wege. Leitidee war, dass es die Männer sein sollten, welche die langobardische Rechtsidentität bestimmten und sie weitergaben. Aus diesem Grund kam eine Nicht-Langobardin, die einen langobardischen Mann heiratete – was in Italien häufig vorkam –, mit der Eheschließung unter die Vormundschaft ihres Mannes und wurde im rechtlichen Sinne selbst Langobardin. Die aus einer solchen Ehe hervorgegangenen Kinder folgten stets der Rechtsidentität ihres Vaters, wurden also auch Langobarden. Töchter nahmen nur, wenn sie einen Nicht-Langobarden ehelichten, die Rechtsidentität ihres Ehemannes (also z.B. eines Römers) an, waren in diesem Fall also keine Langobardinnen mehr. Der gezielte Einsatz der Vormundschaft schuf weitere Möglichkeiten, über das Familienrecht die Zahl der Langobardinnen und Langobarden zu vergrößern. Neben den minderfreien Aldionen, die erwähnt wurden, konnten auch freigelassene Sklaven bevormundet werden, doch gab es auch die Möglichkeit, sie «volksfrei» und «ohne Munt» (*fulkfree*, *amund*) freizulassen, so dass sie dann selbständig nach langobardischem Recht lebten (*ER* 224 u. 226). Rothari regelte auch den Zuzug von Fremden (*uuaregang*), die sich dauerhaft in das Reichsgebiet begaben und unter den schützenden Schild des Königs traten. Sie lebten fortan nach langobardischen Gesetzen, doch behielt sich der König sogar vor, den Zugezogenen ein anderes Recht (d.h. wohl ihr Geburtsrecht) zuzugestehen (*ER* 367). Der Kreis jener Personen, die im rechtlichen Sinne «Langobarden» waren, dürfte sich aufgrund dieser Regelungen von Generation zu Generation beträchtlich vergrößert und die einstmals gut 100000 Eingewanderten zahlenmäßig bald erheblich übertroffen haben.

Da Rotharis Edikt keine Römer erwähnt, beanspruchte sein Rechtsbuch keine territoriale Gültigkeit, sondern war allein für die Langobarden bestimmt und für diejenigen, die von einem Langobarden rechtlich abhängig waren. Die römische Bevölkerungsmehrheit lebte dagegen nach ihrem alten, dem römischen Recht, das zudem auch für die Kirche galt. Ohne schwerste Konflikte hätten die Römer wohl kaum der völlig andersartigen langobardischen Normenwelt mit ihrem eigenartigen Familien-, Buß- und Fehderecht unterworfen werden können. Die moderne Forschung ist zurückhaltend geworden, das langobardische Recht für ein «typisch germanisches Recht» zu halten. Nicht nur waren die verschiedenen Rechte der germanischen Völker untereinander zu verschieden. Vielmehr sind in bestimmten Rechtsmaterien auch immer wieder Einflüsse des römischen Rechts sowie der christlichen Kirche zu erkennen. Dass Rotharis Edikt in lateinischer Sprache aufgezeichnet wurde, große Vertrautheit mit der lateinischen Rechtsterminologie erkennen ließ und zudem einzelne Rechtssätze unter Berufung auf das Gemeinwohl begründete, erscheint kaum vorstellbar, ohne dass bei seiner Entstehung römische Juristen einbezogen worden wären. Daneben wies das Rechtsbuch, weil es in lateinischer Sprache aufgezeichnet war, die Langobarden gegenüber den Römern als «zivilisiertes» Volk mit eigenem Recht aus, und seinen König als in antiker und biblischer Tradition stehenden Gesetzgeber (Abb. 1).

Die langobardische Sprache und Namengebung

Obwohl in lateinischer Sprache verfasst, steckt Rotharis Edikt voller volkssprachlicher langobardischer Rechtswörter. Das oben erwähnte, für die Tötung einer Person zu zahlende *wergeld* ist eines davon, die nach der Hochzeitsnacht zu entrichtende *morgangab* ein anderes, und die Bezeichnung *mundoald* für den Vormund ein drittes. Diese und viele andere verweisen auf die damals unter den Langobarden wohl vorherrschende Bilingualität, die in der Auseinandersetzung mit ihrer römischen Umgebung ihren Entstehungsgrund hat. Sie wird ihnen kontextabhängig eine Art «Code-switching» (Sprachwechsel) erlaubt haben, doch trug die langobardische Sprache in erheblichem Maße zur Identität der Langobarden bei. Ihnen eigene Rechtsvorstellungen fanden als «Form unseres Volkes» (*ritus gentis nostrae*) in den volkssprachlichen Wörtern ihren Ausdruck: *«Über Walupaus. Wenn einer einem freien Mann auf unrechte Weise Gewalt antut, d.h. Walupaus ist, büße er ihm dies mit 80 solidi. Walupaus ist, wer sich heimlich ein anderes Kleidungsstück anzieht oder seinem Haupt bzw. seinem Gesicht in räuberischer Absicht eine andere Gestalt gibt»* (*ER 31*). Das Vergehen des vermummt ausgeübten Raubüberfalls auf eine Person fasste man im Langobardischen nicht einfach unter dem abstrakten Begriff der «heimtückisch» oder «arglistig» verübten Tat, sondern benannte die konkrete Veränderung der äußeren Gestalt zum Zweck der unerkannten Verübung der räuberischen Tat. Das Wort *walupaus* wurde im lateinischen Text mit dem Zusatz «das bedeutet» erläutert. Das Festhalten an langobardischen Rechtswörtern zeigt einen konservativen Zug der Rechtspolitik Rotharis, sprachlich und inhaltlich die Substanz der langobardischen Rechtstradition zu pflegen. Dies gilt auch für weitere Rechtswörter wie *marhworfin* (von germanisch **marha* = «Pferd» bzw. «Mähre»: «jemanden vom Pferd werfen», *ER 30*), *grabworfin* («Grabraub», wörtlich: «aus dem Grab werfen», *ER 15*) und natürlich *faida* für «Fehde». Die schriftliche Niederlegung des Edictus Rothari verlangte daher neben römischen Juristen auch die Konsultierung von Kennern des mündlich tradierten langobardischen Rechts.

Die langobardische Sprache weist infolge der zweiten («hochdeutschen») konsonantischen Lautverschiebung, mit der sie sich vom Altgermanischen emanzipierte, eine gewisse Nähe zum Bairischen und Alemannischen auf. Die ältesten schriftlichen Belege stammen aus dem späten 6. Jahrhundert. Noch heute lassen sich Hunderte langobardischer Wörter und in Grundzügen auch eine langobardische Grammatik rekonstruieren. Das Leben in der lateinischsprachigen Umgebung Italiens und die Annahme dieser Sprache bedingten freilich auch, dass das Langobardische als gesprochene Sprache schrittweise seine Bedeutung einbüßte. Im Laufe der Zeit wurde es vom Romanischen, das sich zeitgleich aus dem Vulgärlatein entwickelte und zur dominierenden Sprache werden sollte, absorbiert. Daher weist das Italienische noch heute hunderte Lehnwörter auf, die ihrer Herkunft nach eindeutig langobardisch sind, etwa Alltagswörter wie das italienische *nocca* für «Knöchel», das auf das langobardische Wort *knohha* zurückgeht, oder *guancia* zur Bezeichnung der «Wange», aus langobardisch *wangja*. Als gesprochene Sprache hat sich das Langobardische mit regionalen Unterschieden wohl bis zum Ende des 8. Jahrhunderts gehalten.

Unter den langobardischen Ortsnamen wurden bereits diejenigen auf *fara* erwähnt, die auf die einstmalige Niederlassung langobardischer Siedlungsverbände zurückgehen. Dagegen führt uns der mehrfach in Oberitalien nachweisbare Ortsname **stôda-gardôn*, der «Gehege für Pferdeherden» bedeutet, zu der überraschenden Einsicht, dass «Stuttgart» häufig südlich der Alpen lag. Reichhaltige Spuren des Langobardischen sind auch in einer großen Anzahl von Personennamen erhalten. Die meisten davon, und nicht nur die männlichen, sind im weitesten Sinn dem Themenfeld von «Kampf» und «Gewalt» zuzuordnen, implizieren Werte und Eigenschaften wie Ehre, Heil, Macht, Mut, Ruhm, Schnelligkeit und Stärke, welche die Eltern ihren Kindern wünschten. Einige Königsnamen mögen dies illustrieren: Der häufig vergebene männliche Personenname *Liutprand* beispielsweise wurde gebildet aus den Silben der langobardischen Wörter für «Volk» und «Schwert», der Name *Aripert* aus den langobardischen Wörtern für «Heer» und «glänzend», *Grimoald* aus denen für «grimmig, wild» und «waltend, herrschend» und *Rothari* aus den Wörtern für «Ruhm» und «Krieger»; aber auch der weibliche Name *Gundiperga*, gebildet aus «Kampf» und «Schutz», oder *Giselperga*, deren Name den «Schutz» mit der «Pfeilspitze» kombinierte (= «Schutz vor der Spitze des Pfeils»), orientierten sich an diesen Idealen. Angesichts der Wandlungen in der Namengebung, die naturgemäß auch immer gewissen «Moden» bzw. «sozialen Aneignungsprozessen» unterliegt, wird man aus dem langobardischen Personennamen eines Individuums allerdings nicht zwingend auf dessen langobardische Ethnizität schließen dürfen. Und nicht jede Person, die einen langobardischen Namen trug, war im rechtlichen Sinne ein Langobarde oder eine Langobardin. In der Zusammenschau aller Namen ergeben sich jedoch regionale Profile, die auf die Besiedlung einer Gegend zurückzuführen sind.

Hybridnamen, die jeweils aus einer langobardischen und einer lateinischen Silbe gebildet wurden, bezeugen aufschlussreiche Akkulturationsprozesse. Der Name *Boniprandus* etwa kombinierte das lateinische Wort für «gut» mit dem langobardischen für «Schwert», *Flavipertus* verband das lateinische Wort «blond» mit dem langobardischen für «glänzend» und der Name *Johannipertus* gar verknüpfte das langobardische Eigenschaftswort «glänzend» mit dem christlichen Namen «Johannes». Bei der Schaffung derartige Hybridnamen benutzten die Eltern den germanischen Modus der Schaffung eines Personennamens aus zwei Wörtern, um ein lateinisches Element zu inkorporieren, dessen Bedeutung ihnen geläufig gewesen sein muss. Und nicht selten gaben sogar römische Eltern ihren Sprösslingen lateinische Namen wie *Lupus* («Wolf») oder *Ursus* («Bär») – Tiernamen, die im lateinischen Namensystem bis dahin eher selten verwendet worden waren. Sie sind zwar auch vor dem Hintergrund der bereits vorher einsetzenden Militarisierung der spätrömischen Gesellschaft Italiens zu sehen, verraten jedoch, dass auch für die Römer jene kriegerische Vorstellungswelt, die in der Namengebung zum Ausdruck kam, attraktiv war – eine Vorstellungswelt, welche vor allem die Langobarden ins Land gebracht hatten.

Königliche Gerichtsbarkeit und Privilegierungspraxis

Wie den Gedanken der Gesetzgebung und Rechtsaufzeichnung, so haben die langobardischen Könige auch ihr wichtigstes schriftliches Regierungsinstrument dem römischen Imperium entlehnt: die Königsurkunde. Die langobardische Königsurkunde war das postimperiale Nachfolgemodell der antiken Reskripte, mit denen römische Kaiser auf Anfragen und Petitionen ihrer Beamten und Untertanen rechtsverbindliche Antworten erteilt hatten. Sie stehen für einen eher auf Eingaben von Bittstellern «reagierenden» Regierungsstil des Herrschers, den sich auch die langobardischen Könige zu eigen machten. Von dem ursprünglich einmal in sehr großer Zahl ausgefertigten Dokumenttyp «Königsurkunde» sind aus langobardischer Zeit gerade einmal dreißig Exemplare auf uns gekommen – und diese zumeist nur in späterer Abschrift, häufig im Wortlaut entstellt oder sogar verfälscht. Das älteste davon wurde bereits erwähnt: Es ist die Landübertragungsurkunde König Agilulfs für das kurz zuvor gegründete Kloster Columbans in Bobbio, vermutlich aus dem Jahr 613 (*CDL III,1, Nr.* 1). Viele der so getätigten Regierungshandlungen betrafen die Übertragung von Fiskalgütern, z.T. mit steuerpflichtigen Höfen (*case tributarie*) und Steuer- und Zollrechten. Die meisten erhaltenen Urkunden nennen die königliche Pfalz in Pavia als Ausstellungsort.

Einige Dokumente gehen auf das Königsgericht bei Hofe zurück, das häufig von im Langobardenreich ansässigen Römern und Kirchenleuten angerufen wurde. Eine Urkunde des langobardischen Königs Perctarit (*CDL III,1, Nr.* 6) aus dem Jahr 674 war durch einen Rechtsstreit zwischen den in der Emilia gelegenen, gut fünfzig Kilometer voneinander entfernten Königshöfen der Städte Piacenza und Parma veranlasst. Die Höfe stritten darüber, wem bestimmte Wälder und Berge im Apennin gehörten und wo genau die Grenze zwischen den Territorien der Städte verlief. Nach zahlreichen Übergriffen und gewaltsamen Pfändungen entsandte der König als Emissäre einen Schwertträger und einen Notar, damit sie vor Ort den Dingen auf den Grund gingen. Ihnen wurden von den Vertretern Piacenzas ein älteres Gerichtsurteil des Königs Arioald (626–636) (*CDL III,1, Nr.* 4) präsentiert, der den offenbar von alters her strittigen Grenzverlauf zwischen den Städten fast fünfzig Jahre früher schon einmal hatte feststellen lassen. Als die Boten die Wahrhaftigkeit der Angaben bestätigten, bekannte der König, er habe den Streit ursprünglich durch Zweikampf oder Eid entscheiden lassen wollen. Doch nach Einsichtnahme in das Gerichtsurteil König Arioalds und seiner Überprüfung durch Ortskundige seien er und seine Richter übereinkommen, dass es genüge, wenn die Vertreter Piacenzas durch einen Eid die Authentizität des älteren Dokuments bekräftigten. Daraufhin bekräftigte König Perctarit dessen Unverbrüchlichkeit durch seine in Pavia ausgestellte Urkunde. Sie führt die Namen der neun königlichen Richter auf, unter ihnen zwei Notare mit römischen Namen, außerdem die römischen und langobardischen Namen von elf Vertretern Piacenzas, unter ihnen verschiedene Funktionsträger und drei Heermänner (*exercitales*). Die langobardischen Könige suchten bei schwierigen Rechtsstreitigkeiten Lösungen herbeizuführen, für die sie notfalls sogar die Berechtigung von Rechtsansprüchen vor Ort untersuchen ließen. Ein anderer, seit Mitte des 7. Jahrhunderts schwelender Streit zwischen den Bischöfen der toskanischen Städte Arezzo und Siena betraf den Besitz mehrerer Taufkirchen und Klöster im Gebiet von Siena (*CDL 1, Nr. 17, 19* u. *20*). In einem Inquisitionsbeweisverfahren wurde für jede einzelne Kirche festgestellt, welcher Bischof sie einstens geweiht und wem sie seither gehört hatte. Auf ein 15-seitiges Dokument, das allein die Aussagen von über achtzig befragten Zeugen aufführt, folgt schließlich das Urteil des Königsgerichts, das genau unterschied zwischen den Besitzverhältnissen der römischen Zeit und deren Veränderung, «*nachdem die Langobarden nach Italien eingefallen waren*».

4. Über den Apennin und zurück: Die Langobarden in Mittel- und Süditalien

Bei der Invasion Italiens war die langobardische Eroberungsstrategie von Anfang an darauf angelegt, mit schlagkräftigen Militärverbänden den Apennin zu überqueren und auch dort dauerhafte Herrschaften zu errichten.

Das Herzogtum Lucca und die «Geburt» der Toskana

Vom sich etablierenden Herrschaftszentrum im westlichen Oberitalien aus betrachtet, lag die Überquerung des Apennins in seinem Westen am nächsten. Unter der Landschaftsbezeichnung «Toskana» (Tuscia, Tuszien) verstehen wir heute das südwestlich des Apennin gelegene große Gebiet, das sich von Pisa und Lucca entlang des Arno bis nach Florenz erstreckte und von dort gen Süden durch das hügelige Land nach Siena und Arezzo sowie entlang der Küste in Richtung Latium fortsetzte. Die Langobarden konzentrierten sich mit ihren Besatzungs- und Besiedlungsaktivitäten auf Verkehrsverbindungen, die das Innere der Toskana erschlossen; die an der Küste gelegenen Gebiete blieben noch bis Mitte des 7. Jahrhunderts römisch. Abgrenzung und Sicherung gegenüber dem Exarchen von Ravenna, dessen Truppen es vom Angriff über den östlichen Apennin abzuhalten galt, bestimmten die Wahl Luccas als Herzogssitz und die Anlage langobardischer Militärsiedlungen und Befestigungen im Norden der Toskana, etwa in Städten wie Pistoia, wo ein Gastalde residierte, und Fiesole. Die Ausdehnung des Territoriums als Aufmarschgebiet gegen den Dukat von Rom bildete ein zweites strategisches Ziel. Entsprechend haben die Langobarden weiter südlich in Chiusi einen zweiten Herzog installiert sowie Verteidigungsaufgaben und die Verwaltung der Fiskalgüter in hoch gelegenen Orten wie Siena, Volterra, Tuscania und Città di Castello (bei Perugia) in die Hände von Gastalden gelegt.

Die geschützt und verkehrsgünstig liegende, militärstrategisch äußerst bedeutsame Stadt Lucca bildete das wichtigste politische Zentrum. Kurz vor der Ankunft der Langobarden war ein irischer Missionar Fredian (Frigidian) Bischof von Lucca geworden, der dieses Amt bis 588 bekleidete und Maßnahmen zum Schutz der Stadt vor den Fluten des Sarchio ergriffen haben soll – wohl auch mit Zustimmung der neuen Herren. In Lucca gab es einen Herzogspalast, der auffälligerweise außerhalb der antiken Stadtmauern lag, daneben auch einen Hof des Königs. Im königlichen Dienst vollzog sich auch der Aufstieg einer lucchesischen Aristokratie, darunter nicht wenige «Gefolgsleute des Königs» (*gasindi regis*). Der Herzog übte die höchste Gerichtsbarkeit in Stadt und Umland aus, und von diesem Gerichtsstand aus bestand die Möglichkeit, an den königlichen Gerichtshof in Pavia zu appellieren. Die Stadt ist überdies als weit über ihr Gebiet ausstrahlende Münzprägestätte bezeugt, in der im 6. und früheren 7. Jahrhundert nach ravennatischem Vorbild Imitate kaiserlicher Goldmünzen geprägt wurden; man hielt damit an einem die eigenen Gebiete überschreitenden Wirtschafts- und Währungsraum fest. Seit dem 7. Jahrhundert wurden Goldmünzen mit der Aufschrift *Flavia Luca* geprägt, worin sich auch das wachsende Selbstbewusstsein der Stadt als Haupt der Toskana manifestiert.

Dieser Eindruck ergibt sich auch aus der schriftlichen Überlieferung: Aus Lucca ist, einsetzend mit dem Jahr 685, die enorme Anzahl von über 200 langobardenzeitlichen Originalurkunden erhalten, welche rechtliche Transaktionen (Gerichtsurteile, Zuwendungen an Kirchen und Klöster, Gütertausch usw.) in Stadt und Umgebung dokumentieren. Sie stammen zumeist aus kirchlichen Archiven und erlauben einen geradezu mikroskopischen Blick auf die sozialen Beziehungen innerhalb und außerhalb der Stadt, der so in keiner weiteren Region des Langobardenreiches möglich ist. Wir kennen beispielsweise die Namen aller Herzöge und Bischöfe sowie der meisten Notare und Richter, und wissen, wer an welchen Orten im Umland von Lucca Besitzungen hatte. Die Beziehungen der landbesitzenden Aristokratie Luccas reichten ins weitere Umland, etwa in die Küstenlandschaft, aber auch auf die Insel Korsika. Einzigartige Einblicke gewähren die Luccheser Dokumente überdies in das gebirgige Land nördlich von Lucca. Selbst für einzelne Dörfer lassen sich die Grundbesitzverhältnisse und Siedlungsstrukturen in der bewaldeten Gebirgslandschaft der Garfagnana rekonstruieren. Die Urkunden dokumentieren die beträchtliche Zunahme kirchlichen Besitzes. Vor allem nach dem Fall der konfessionellen Grenze zwischen Arianismus und Katholizismus engagierte sich die grundbesitzende Elite der Stadt in der Errichtung von Kirchen und religiösen Stiftungen. Auch Herbergen und Spitäler zählten dazu, war doch Lucca eine wichtige Station auf der später sog. Via Francigena – einer Pilgerroute, die durch das Innere der Toskana über Siena nach Rom führte.

Aus dem Schatten Umbriens gegen Rom und Ravenna: Das Herzogtum Spoleto

Bereits 571 ist in der gut befestigten römischen Stadt Spoletum, im Gebiet des heutigen Umbrien, etwa 150 Kilometer von Rom entfernt, ein Herzog namens Faroald (I.) eingesetzt worden (*HL III,13*). Diese Ortswahl zeigt, dass die Möglichkeit weiterer Expansion ebenso mitbedacht worden war wie die Kontrolle der Kommunikation zwischen Ravenna und Rom über die auf einem schmalen römischen Korridor verlaufende Via Flaminia. Nicht zuletzt in Verbindung mit den Herzögen von Tuszien und Benevent erlaubte diese Lage den Herzögen von Spoleto, mit ihren Truppen auf das politische Geschehen in Mittelitalien Einfluss zu nehmen und immer wieder den Papst als römischen Stadtherrn unter Druck zu setzen, mit dem es auch immer wieder zu Konflikten über Besitzungen kam. Den Herzog von Spoleto und seine Militärs findet man nach dem Interregnum (574–584) immer wieder in kriegerische Auseinandersetzungen mit dem neu entstandenen Exarchat von Ravenna verwickelt. Ein spoletinischer Herzog namens Ariulf ist bereits früher in Zusammenhang mit seinen Militäraktionen gegen Rom erwähnt worden, als sich Papst Gregor I. vom Ravennater Exarchen im Stich gelassen fühlte. Er vermochte das Territorium des Herzogtums auszudehnen, das im Westen bis zum Tiber reichte, im Osten bis zum adriatischen Meer (Fermo), und im Süden direkt an das langobardische Herzogtum Benevent anschloss. Dass der Herzog sich nicht einfach als Empfänger für Befehle aus Pavia verstand, sondern eigene Ziele verfolgte, erklärt auch, warum er dem Friedensschluss von 598 nur unter größten Vorbehalten beizutreten bereit war. Als Ariulf starb, stritten sich die Söhne seines Amtsvorgängers Faroald um seine Nachfolge, von denen sich schließlich Theudelapius durchsetzte, der die Herzogswürde für mehr als ein halbes Jahrhundert (601–653) innehatte. Schon früh versuchte man, die Herzogsfunktion in der eigenen Familie weiterzugeben, doch offenbar hatte wiederholt auch der König bei der Einsetzung der Herzöge von Spoleto ein gewichtiges Wort mitzureden.

In seinem Gebiet übte der Herzog von Spoleto die Vormundschaft über Frauen aus, die nach dem Edikt Rotharis (*ER 204*) eigentlich dem König zugestanden hätte. Auch die oberste Gerichtsbarkeit des Herzogtums lag in seinen Händen, ohne dass eine Appellation an den langobardischen König als übergeordnete Instanz vorgesehen gewesen wäre. Seit dem späteren 7. Jahrhundert befand sich die spoletinische Herzogswürde erneut zeitweise in den Händen einer Dynastie. Die ungewöhlich lange Amtsdauer der Herzöge Theudelapius und Transamund (662–703) kam auch dem Ausbau der Macht und Pracht Spoletos zugute. Aus späteren Urkunden lässt sich die Existenz eines regelrechten Hofstabs bestehend aus Kleiderwart, Mundschenk und Marschall rekonstruieren. Dem Herzog standen umfangreiche Domänen zur Verfügung, die von Gastalden und weiteren Verwaltern administriert wurden. Selbst ein «Oberschweinehirte» (*archiporcarius*) ist bezeugt; vermutlich war er für die umbrischen Wälder zuständig, in denen die Schweine nach Jahreszeit Trüffel aufspürten oder mit Eicheln gemästet wurden. In Spoleto selbst betätigten sich die Herzöge als Bauherren, wie vor allem die Spoletiner Kirche San Salvatore zeigt. Inmitten eines großen, außerhalb der antiken Stadtmauer angelegten Friedshofs geht der Bau auf einen römischen Tempel zurück, dessen *cella* schon in der Spätantike in eine Kirche umgeweiht worden war. In langobardischer Zeit wurde diese unter Verwendung antiker Pfeiler und Säulen zu einer dreischiffigen Basilika mit Presbyterium umgebaut und dem Hl. Erlöser (*Salvator*) geweiht. Ihre Lage spricht dafür, dass sie weniger als langobardische Herzogspalastkirche denn als repräsentative Begräbnisstätte diente. Erst archäologische Forschungen der letzten Jahrzehnte haben die Datierung der Kirche in die langobardische Zeit (wohl noch vor der Mitte des 7. Jahrhunderts) zur Gewissheit werden lassen, so dass sie 2011 in die Liste der zum UNESCO-Welterbe gehörigen «Stätten der Langobarden» aufgenommen werden konnte.

Mit Faroald II. (703/05–720) beginnen die engen Verbindungen der Herzöge von Spoleto mit der Abtei Farfa, die kurz vor 700 von einem fränkischen Jerusalempilger namens Thomas von Maurienne ca. siebzig Kilometer nördlich von Rom in der Sabina gegründet worden war. Die Herzöge gaben für die Abtei eine wohl aus Fiskalgut stammende Grundausstattung mit elf Höfen samt großer landwirtschaftlicher Nutzfläche und im Lauf der Zeit weitere Ländereien, Kirchen und Weiderechte. Bereits 705 erteilte Papst Johannes VII. der Abtei ein Schutzprivileg für die Zuwendungen Faroalds und seiner Nachfolger an das Kloster, gliederte es aus der Jurisdiktionsgewalt des örtlichen Bischofs aus und machte Vorgaben für das Zusammenleben der Farfeser Mönche. Über diese Art von Patronage werteten die Spoletiner Herzöge die kirchlichen Einrichtungen zu mächtigen Zwischeninstanzen auf, die es ihnen erlaubten, über klösterliche Vermittlung engmaschige soziale Netzwerke mit prominenten Grundbesitzern der Regionen aufzubauen. So stärkten sie auch ihre eigene Gerichtsgewalt in der Sabina, wie zahlreiche Gerichtsurkunden bezeugen – eine Art von «Statebuilding». Stiftungen, welche die Herzöge zum Heil ihrer Seele tätigten, trugen dazu bei, dass im Kloster Farfa für sie gebetet und ihre religiöse Aura gesteigert wurde.

Aus Kampanien gegen griechische Küstenstädte und Rom: Das Herzogtum Benevent

Mit dem Herzogtum Benevent kommen wir nach Unter- bzw. Süditalien, ins Herz Kampaniens. An der Spitze der langobardischen Verbände gelang es einem Herzog namens Zotto vielleicht schon 571, die Stadt Benevent einzunehmen, um in der Folgezeit ohne Mitwirkung des Königs das eroberte Territorium des inneren Kampaniens beträchtlich auszudehnen. Einige Städte kapitulierten gegenüber den Invasoren, doch ist in den Quellen auch wiederholt vom grausamen Wüten der langobardischen Verbände die Rede. Sie vertrieben oder töteten die örtlichen Landbesitzer und plünderten kirchliche Einrichtungen wie das Kloster Montecassino, das nach 577 für mehr als hundert Jahre ohne Mönche blieb. Als Zotto im Jahr 591 starb, setzte König Agilulf Arichis (I.) ein, der über fünfzig Jahre im Amt blieb. Dieser eroberte auch die nördlich und südwestlich von Neapel gelegenen Städte Capua und Nocera, doch Neapel selbst zu erobern gelang ihm trotz mehrerer Versuche nicht. Einzelne Plünderungszüge stießen sogar bis nach Apulien, Kalabrien und Lukanien vor. Aus Briefen Papst Gregors I. erhellt, dass zahlreiche Bistümer ihren Bischof verloren und langfristig verwaist blieben, da Bischöfe ermordet wurden und der örtliche Klerus floh (*RE I,41* u. *44; II,43*). Der Papst schickte wiederholt Geld zum Loskauf von Gefangenen, welche die Langobarden versklavt hatten. Erst kurz nach 625 gelang es Arichis, mit Salerno die erste Hafenstadt Kampaniens zu erobern. Sie blieb für lange Zeit die einzige, und dementsprechend blieb das Herzogtum Benevent in seiner Ausdehnung auf das Innere Kampaniens konzentriert. Im Norden grenzte es an das Herzogtum Spoleto und an den römischen Dukat; am Ende des 7. Jahrhunderts erstreckte es sich südlich, entlang der Adriaküste, sogar bis nach Bari. Den Herrschaftsmittelpunkt freilich bildete das Innere Kampaniens mit Benevent als Hauptsitz. Die weiter südlich gelegenen Gebiete Kalabrien, Apulien und Sizilien blieben dagegen römisch. Sie wurden fortan von Konstantinopel aus in Form von Verteidigungsbezirken reorganisiert, um der langobardischen Expansion Einhalt zu gebieten. Neben Neapel blieben auch die Küstenstädte Gaeta und Amalfi unter römischer Herrschaft und damit stärker von griechischer Sprache und Kultur geprägt.

Die Herzöge von Benevent besaßen recht große Unabhängigkeit vom Königshof in Pavia. Zwar nahmen die Könige auch im Süden immer wieder auf die Nachfolge in der Herzogswürde Einfluss, doch hatten die Herzöge in ihrem großen Territorium eine königsgleiche Stellung ähnlich jener der Herzöge von Spoleto. Sie übten die oberste Gerichtsbarkeit aus, wie zahlreiche Herzogsurkunden belegen. In Benevent scheint es auch keine Krondomänen gegeben zu haben, die dem König eine Einflussnahme ermöglicht hätten. «Staatsland» unterstand dem Herzog und wurde von seinen Gastalden verwaltet. Auch aus den Überresten des römischen Steuersystems flossen dem Herzog Einkünfte zu.

Spätere Legenden malten das Heidentum der beneventanischen Herzöge in grässlichen Farben aus. Die Grausamkeiten der Eroberungsjahre und das Bekenntnis der Könige zum Arianismus haben sicher dazu beigetragen. Tatsächlich begann sich das Verhältnis der beneventanischen Herzöge zur katholischen Kirche Ende des ersten Drittels des 7. Jahrhunderts zu entspannen, auch wenn der Bischofsstuhl des Herzogssitzes Benevent bis in die 660er Jahre unbesetzt blieb. Arichis' Pflegesohn Grimoald, der 647 Herzog wurde, ließ die Bischöfe von Capua, Salerno und weiteren Städten Benevents im Jahr 649 zu einer Synode nach Rom reisen, die Papst Martin I. einberufen hatte. Auf der Synode ging es um die Verurteilung der Glaubensrichtung des Monotheletismus – demnach habe Christus zwar zwei Naturen (göttlich und menschlich) gehabt, aber sein Wollen (griech.: θέλω – «ich will») sei einzig und allein (μόνος) auf ein göttliches Ziel hin orientiert gewesen –, welche die römischen Kaiser Herakleios (610–641) und Konstans II. (642–668) reichsweit vorschreiben wollten (*ACO II,1*). Dass die römische Synode scharf gegen diese kaiserliche Religionspolitik Stellung bezog, könnte auch im Interesse des beneventanischen Herzogs gelegen haben.

Die dynastische Vereinigung der langobardischen Gebiete unter König Grimoald (662–671)

Grimoald muss sich seiner Position als Herzog von Benevent sehr sicher gewesen sein, denn 662 entschloss er sich dazu, in einem Coup d'État auch die königliche Macht in Pavia an sich zu reißen und von dort die Oberherrschaft über die verschiedenen langobardischen Herzogtümer in seinen Händen zu konzentrieren. Nach dem Tod König Rotharis im Jahr 652 war in Pavia dessen Sohn und Nachfolger bereits nach wenigen Monaten ermordet worden. Aripert, der daraufhin zum König gewählt wurde, entstammte der Nachkommenschaft Agilulfs und Theodelindes, d.h. der sog. bayerischen Dynastie. Einer Notiz zufolge soll der «fromme und katholische König» (*rex pius et catholicus*) sogar *«die arianische Häresie abgeschafft»* und sich Rom angenähert haben. Seinen Kurswechsel suchte Aripert dadurch zu befestigen, dass er bereits zu seinen Lebzeiten die Königsherrschaft unter seinen noch jungen Söhnen Godepert und Perctarit aufteilte, von denen ersterer in Pavia, Perctarit hingegen in Mailand residierte. Freilich gerieten die beiden neuen Könige nach dem Tod ihres Vaters (661) alsbald in heftigen Streit. In den zwischen den Brüdern entbrannten militärischen Auseinandersetzungen soll Godepert die Hilfe Grimoalds angefordert haben. Dieser ernannte seinen Sohn Romuald zum Herzog von Benevent und marschierte selbst mit einem großen Heer nach Pavia, für welches der Graf Transamund von Capua noch weitere Truppen aus den Herzogtümern Spoleto und der Toskana rekrutierte. In Pavia bezog Grimoald im Königspalast Quartier, tötete König Godepert eigenhändig mit dem Schwert und heiratete schließlich dessen Schwester, die Tochter König Ariperts. Godeperts Bruder Perctarit ergriff die Flucht zu den Awaren und später ins Frankenreich, während seine Frau Rodelinde und der gemeinsame Sohn Cunincperht in die Hände Grimoalds fielen und von diesem in Benevent in Gewahrsam gehalten wurden. Grimoalds Machtergreifung wird in unserer wichtigsten Quelle, der Langobardengeschichte des Paulus Diaconus, als eine Geschichte voller Intrigen erzählt, in welcher böse Menschen zunächst die beiden königlichen Brüder gegeneinander aufgehetzt und am Ende auch der Turiner Herzog Garipald eine höchst unrühmliche Rolle gespielt haben soll (*HL IV,51–V,6*). Der Staatsstreich war vermutlich mit großem Aufwand vorbereitet worden und Grimoald nicht aus Loyalität gegenüber Godepert nach Pavia gekommen; auch dass er die Schwester des ermordeten Königs heiratete, um sich gegenüber Godeperts Bruder Perctarit einen Legitimitätsvorteil zu verschaffen, war nicht ohne Vorbild. Überdies unterhielt Grimoald Verbindungen ins östliche Frankenreich und durfte Unterstützung vom ostfränkischen Königshof in Metz erwarten, dessen Hausmeier ebenfalls den Namen Grimoald trug. Mit ihm verband ihn der gemeinsame Hass auf das Geschlecht der Agilolfinger, aus dem Aripert und seine Söhne ebenso stammten wie die fränkischen Herzöge von Bayern. Perctarit scheint hingegen auf der Flucht mit dem nordwestlichen Königshof im Frankenreich paktiert zu haben; alsbald nach Italien eindringende Franken konnte Grimoald in einer Schlacht bei Asti besiegen. Doch eine Rückkopplung der langobardischen Fraktionen mit denjenigen im Frankenreich zu vermuten dürfte nicht ausreichen, um zu erklären, warum ein mächtiger Herzog von Benevent erfolgreich die Königswürde in Pavia usurpieren konnte. Ihm muss es zuvor gelungen sein, die Herzogtümer Spoleto und Toskana auf seine Seite zu ziehen. Offenbar verstand er, Unzufriedenheiten zu nutzen, die mit dem beschriebenen Kurswechsel König Ariperts und dessen sich eher nach Norden orientierenden politisch-dynastischen Netzwerk zusammenhängen dürften. Seinen politischen Triumph vollendete Grimoald, indem er seinem loyalen Unterstützer, dem Capueser Grafen Transamund, 663 das Herzogtum Spoleto übertrug und eine seiner Töchter mit ihm verheiratete. Auf diese Weise gelang es ihm, das Königtum in Pavia und die Herzogtümer Spoleto und Benevent unter die familiäre Kontrolle der eigenen Dynastie zu bringen.

In Pavia wurde Grimoald im Jahr 668 auch gesetzgeberisch aktiv, indem er dem Edikt König Rotharis mehrere Novellen hinzufügen ließ, etwa über den Erwerb von Sklaven und der Vormundschaft über Aldionen im Wege der Verjährung, ferner zur Zurückdrängung des gerichtlich angeordneten Zweikampfes als Beweismittel, zum Erbrecht des Enkels für den vorverstorbenen Sohn und zur Einschränkung des einem langobardischen Mann zustehenden Rechts, seine Ehefrau zu verstoßen (*LG*). An diesen Rechtsreformen, in denen Einflüsse des römischen und kirchlichen Rechts klar erkennbar sind, wird deutlich, dass 25 Jahre nach dem Erlass von Rotharis Rechtsbuch erheblicher Anpassungsbedarf des langobardischen Rechts bestanden haben muss. Wahrscheinlich wurde durch Grimoalds Novellen und seine enge Verbindung mit Benevent das Edikt Rotharis auch erstmals in Süditalien verbreitet, von wo auch eine spätere Handschrift stammt, welche den Text des Rechtsbuches mit Porträts der langobardischen Herrscher als Gesetzgebern überliefert (Abb. 1).

Die Militärintervention des oströmischen Kaisers Konstans II. in Süditalien (663–668)

Grimoalds Erfolg, die wichtigsten langobardischen Machtblöcke zum ersten Mal in den Händen einer Dynastie zu vereinen, beobachtete man in Rom und Konstantinopel mit größter Sorge. Der Anspruch des langobardischen Herrschers, «König über ganz Italien» (*rex totius Italiae*) zu sein, drohte nun Wirklichkeit zu werden. Überlegungen dieser Art dürften eine wichtige, wenn nicht die ausschlaggebende Rolle dafür gespielt haben, dass Kaiser Konstans II. sich zu dem höchst ungewöhnlichen Schritt entschloss, mit einem großen Heer höchstpersönlich nach Italien zu kommen. Noch im selben Jahr 662 zog er von Konstantinopel über Athen in Richtung Italien, um mit seinen Truppen im apulischen Tarent zu landen. Da Konstans die Expedition auch mit der Absicht verband, die Hauptstadt des römischen Imperiums wieder in den Westen zu verlegen, sind noch weitergehende Motive für sein Vorgehen erwogen worden, beispielsweise dass er in der Hauptstadt Konstantinopel unbeliebt gewesen sei. Das römische Imperium befand sich seinerzeit zudem in schwersten Kämpfen mit den Arabern, welche die nahöstlichen Provinzen des Imperiums inklusive Ägypten erobert und auch das Perserreich vernichtet hatten und nach dem Aufbau einer Flotte immer weiter gen Westen expandierten. Konstans' Italienzug könnte daher dem Schutz Nordafrikas und einer beabsichtigten Rückeroberung Ägyptens gedient haben, wobei Sizilien zum neuen Zentrum einer Seeherrschaft werden sollte. Derartige strategische Hintergedanken, die in der ökonomischen Bedeutung Siziliens eine Stütze finden, mögen durchaus eine Rolle gespielt haben. Doch fällt auf, dass der Kaiser sich mit seinen Truppen sofort nach Süditalien bewegte, und auch Paulus Diaconus unterstellte ihm später, er habe *«Italien der Hand der Langobarden entreißen»* wollen (*HL V,6*).

In Süditalien kam es sogleich zu schweren militärischen Auseinandersetzungen mit den Heeresverbänden des langobardischen Herzogtums Benevent. Die oströmischen Truppen führten sogar Reliquien des Militärheiligen Merkurios mit sich ins

Feld, um ihn als himmlischen Garanten des kaiserlichen Sieges zu gewinnen. Viele der Städte entlang des Wegs ergaben sich sogleich, und es gelang den kaiserlichen Truppen, Herzog Romuald in der Stadt Benevent festzusetzen. Zwischen Konstans II., dessen Truppen ihr Hauptquartier in Neapel bezogen, und Romuald, der seine Schwester Giza als Geisel gab, kam es zu einer vertraglichen Vereinbarung, doch musste Konstans seine Truppen alsbald abziehen, da König Grimoald von Norden kommend seinem Sohn zu Hilfe eilte. Das Heer Romualds und Grimoalds fügte der kaiserlichen Armee schließlich bei Salerno eine vernichtende Niederlage zu. Sie zwang den Kaiser zur Aufgabe seines ambitionierten Plans einer umfassenden Rückeroberung Süditaliens, der möglicherweise auch ein Beistandsabkommen mit den Franken für eine geplante Invasion in Oberitalien vorgesehen hatte. Konstans II. zog daraufhin von Neapel nach Rom, wo er im Juli 663 zwölf Tage verbrachte. Es sollte der letzte Besuch eines römischen Kaisers in der alten Hauptstadt sein. Er erfolgte freilich in der Absicht, dort Ressourcen aufzutun, um die Kriegführung gegen Araber und Langobarden zu finanzieren. Neben umfangreichen Sondersteuern, die der Kaiser erhob, soll er auch bedeutende Kirchen Roms ihrer Kunstwerke und Schätze beraubt haben; vom Erzbischof von Ravenna ließ er sich für eine große Summe Geldes sogar dazu überreden, die Unterstellung Ravennas unter den kirchlichen Primat von Rom aufzuheben. Von Rom, wo man folgerichtig nicht mehr gut auf ihn zu sprechen war, zog der Kaiser auf dem Landweg über Neapel und Reggio nach Sizilien. In Syrakus, von wo aus er im Weiteren die Regierungsgeschäfte führte, ist Konstans II. dann im Jahr 668 ermordet worden. So scheiterte auch sein kühner Plan einer Verlegung des Kaisertums nach Westen.

Vom Monte Gargano nach Pavia: Der Erzengel Michael auf dem Flug nach Norden

Die dynastische Vereinigung der langobardischen Reichsteile unter Grimoald bildet zugleich den Hintergrund für einen aufschlussreichen Kulturtransfer zwischen Unter- und Oberitalien.

Die Verehrung des Erzengels Michaels war in Benevent üblich – dessen Kult brachte Grimoald nach Pavia mit und inspirierte damit den Aufbau eines langobardischen «Reichsheiligen».

Anbetung und kultische Verehrung von Engeln war seit Beginn des Christentums ein umstrittenes Thema, sahen viele in ihnen doch nichts anderes als Dämonen, d.h. gute oder böse Zwischenwesen, denen keine menschliche Gestalt eignete. Ungeachtet dessen hatte sich bereits im spätantiken Konstantinopel ein regelrechter Kult des Erzengels Michael etabliert. Da dieser in der Johannes-Offenbarung (*12,7–9*) als Führer der himmlischen Heerscharen in Erscheinung trat, war seine Verehrung durchaus militärisch konnotiert. Von Konstantinopel aus war sein Kult bereits in vorlangobardischer Zeit nach Apulien gelangt, möglicherweise schon vor 500; kurze Zeit später ist er auch in Ravenna bezeugt. Das Michaelsheiligtum auf dem apulischen Monte Gargano – unweit der adriatischen Küste auf dem «Stiefelsporn» in einer Grotte angelegt – erlangte alsbald als Pilgerziel überregionale Bedeutung. Hagiographische Tradition führt seine Verehrung an diesem Ort darauf zurück, dass der Erzengel dort wiederholt Personen aus der Umgebung erschienen sei, nicht zuletzt dem Bischof der benachbarten Stadt Siponto. Das zu seinen Ehren errichtete Heiligtum konnte keine Reliquien nachweisen – wie sollte es von einem körperlosen und unsterblichen Engel Gebeine geben? –, doch hatte der Erzengel bei seinem Erscheinen am Grotteneingang immerhin seinen Fußabdruck hinterlassen.

Von Grimoald wird berichtet, er habe als Herzog von Benevent mit militärischen Mitteln ein römisches Heer davon abhalten können, das eher am Rand des Dukates Benevent gelegene Heiligtum des Erzengels zu plündern (*HL IV,47*). Gleich, ob die römischen Truppen die Unterstützung des Erzengels für sich selbst zu reklamieren suchten oder ob sie im langobardischen Michaelskult eine Konkurrenz sahen: ihr Angriff richtete sich gegen das langobardische Herzogtum Benevent, und Grimoald suchte die Verehrung des Erzengels am Monte Gargano für sich und die Langobarden politisch zu reklamieren. Als im Jahr 662 die Truppen Konstans' II. mit ihrem Militärheiligen Merkurios

Abb. 2: Goldmünze (Tremissis) des Königs Cunincperht (681–700): Vorderseite: Brustbild des Königs mit Diadem und der Umschrift *D N CVN-INCPE RX* (*Dominus Noster Cunincpert Rex* – «Unser Herr König Cunincperht»); Rückseite: Erzengel Michael mit Helm, Flügel und Kreuzstab sowie Umschrift *SCS MI-HAHIL* (*Sanctus Michael*)

in Süditalien landeten, sahen die Langobarden im Anführer der himmlischen Heerscharen ihren übernatürlichen Beschützer, und führten ihren Erfolg auch auf das segensreiche Wirken des Erzengels zurück. In der Michaelsgrotte, die heute unter dem Namen Monte Sant'Angelo zum Weltkulturerbe der Langobardenzeit gehört, sind auch monumentale Widmungsinschriften entdeckt worden. Grimoalds 662 eingesetzter Sohn und Nachfolger Romuald ließ die Stätte des Erzengels am Monte Gargano ausbauen, und die folgenden Herzöge taten es ihm nach.

Angesichts der intensivierten Kommunikation zwischen den Reichsteilen war es nur eine Frage der Zeit, bis sich der Michaelskult auch in der oberitalienischen Hauptstadt Pavia verbreitete. Die spätere Krönungskirche der langobardischen Könige weihte König Grimoald zu Ehren des Erzengels. Seine Nachfolger suchten den Michaelskult in Pavia als eine Art «Reichspatron» zu fördern. Kurz vor Ende des 7. Jahrhunderts ließ König Cunincperht in Pavia Goldmünzen prägen, auf deren Vorderseite sein Porträt mit der Umschrift *D(omi)n(us) n(oster) Cuniincpe[rt] rex* (*«König Cunincperht, unser Herr»*) zu sehen war; die Rückseite zierte hingegen demonstrativ das Portrait einer flügeltragenden Figur mit Kreuzstab sowie dem Schriftzug *SCS MI-HAHIL* (*sanctus Michael*, Abb. 2). Es ist auf die Transferierung des Michaelskultes von Benevent nach Pavia zurückzuführen, dass «San Michele» in weiten Teilen Italiens zum Patron so zahlreicher Kirchen wurde und von dort die Alpen überflog, um bereits kurz nach 700 in der späteren Normandie am Mont St. Michel zu neuen Ehren zu gelangen. Pilgerinschriften und Graffiti in der Grotte am Monte Gargano zeigen, dass die Michaelsverehrung auch in umgekehrter Richtung – durch Gläubige aus dem Norden – ein immer attraktiveres Pilgerziel wurde: Viele von ihnen enthalten Runen und stammen von Angelsachsen, die im späten 7. und im 8. Jahrhundert ihre Pilgerfahrt nach Rom noch in den äußersten Süden Italiens fortsetzten, um dort dem geflügelten Patron ihre Reverenz zu erweisen.

5. Religiöse Einheit, äußere Anerkennung und innerer Widerstand, 671–700

Vor 670 war das religiöse Bekenntnis der Langobarden und ihrer Könige erheblichen Schwankungen unterlegen. Bei ihrer Ankunft in Italien waren die meisten Langobarden paganen Kulten zugewandt oder arianische Christen. Die ersten Könige hegten Sympathien für den Arianismus, doch begann mit Theudelinde und der sog. «bayerischen» Dynastie eine schrittweise Hinwendung zum Katholizismus. Rothari hingegen favorisierte dann erneut den Arianismus, Aripert wieder den Katholizismus, bei Grimoald ist dies weniger deutlich. Das religiöse Bekenntnis des Königs war nicht nur eine persönliche, sondern auch eine politische Frage. Es hatte Auswirkungen darauf, ob man die Langobarden von den Römern stärker getrennt wissen und mit wem man strategische Bündnisse schließen wollte. Von den blutigen Ereignissen und Kirchenzerstörungen der Invasionszeit abgesehen, führten die Bekenntniswechsel der Könige jedoch nicht zu Verfolgungen von Andersgläubigen. Freilich blieben

Bischofssitze häufig unbesetzt und zerstörte Klöster wurden lange Zeit nicht wiederaufgebaut. Eine endgültige Hinwendung zum Katholizismus vollzogen erst die langobardischen Könige Perctarit und Cunincperht.

Perctarit (671–688), Rodelinde und der Ausbau Pavias als Herrschaftszentrum

Nach dem Tod König Grimoalds konnte sich dessen minderjähriger Sohn und Nachfolger Garibald nur wenige Monate an der Macht halten. Perctarit, der von Grimoald nach Gallien vertriebene und von dort nach England geflüchtete Sohn Ariperts, wurde nach fast zehnjährigem Exil von langobardischen Gruppen zurückgeholt und in einer Volksversammlung 671 erneut zum König erhoben. Nach Garibalds Vertreibung kehrten Perctarits Frau Rodelinde und ihr gemeinsamer Sohn Cunincperht aus der beneventanischen Haft zurück nach Pavia.

Die Regierungszeit Perctarits und Rodelindes stand im Zeichen des weiteren Ausbaus von Pavia als königlicher Residenzstadt. Erstmals hatte König Authari (584–590) dort seinen Regierungssitz genommen, doch konkurrierte die Stadt in der Folgezeit mit Mailand und Monza. Hauptresidenz war Pavia spätestens, als König Rothari 643 dort sein Edikt publizierte und die arianische Basilika Sant'Eusebio errichtete. Er ließ sich 652 auch als erster langobardischer König in Pavia beisetzen, in einer von ihm zu Ehren Johannes des Täufers errichteten Basilika (San Giovanni in Borgo) im Südosten der Stadt. Auch Aripert I., sein Nachfolger, residierte in Pavia und ließ außerhalb der Stadtmauer ein Kloster samt Kirche errichten, die er dem hl. Erlöser (San Salvatore) weihen ließ; die Anlage muss als eine Art Mausoleum, d.h. königlich-dynastische Grablege gedacht gewesen sein, denn außer ihm selbst wurden später darin auch sein Sohn Perctarit sowie sein Enkel Cunincperht beigesetzt. König Grimoald erhielt in Pavia sein Grab in einer Kirche, welche er zu Ehren des heiligen Ambrosius von Mailand (Sant'Ambrogio) gestiftet hatte. Der Vorgängerbau der heutigen prachtvollen Kirche San Michele geht auf seine Zeit zurück (*HL V,3*).

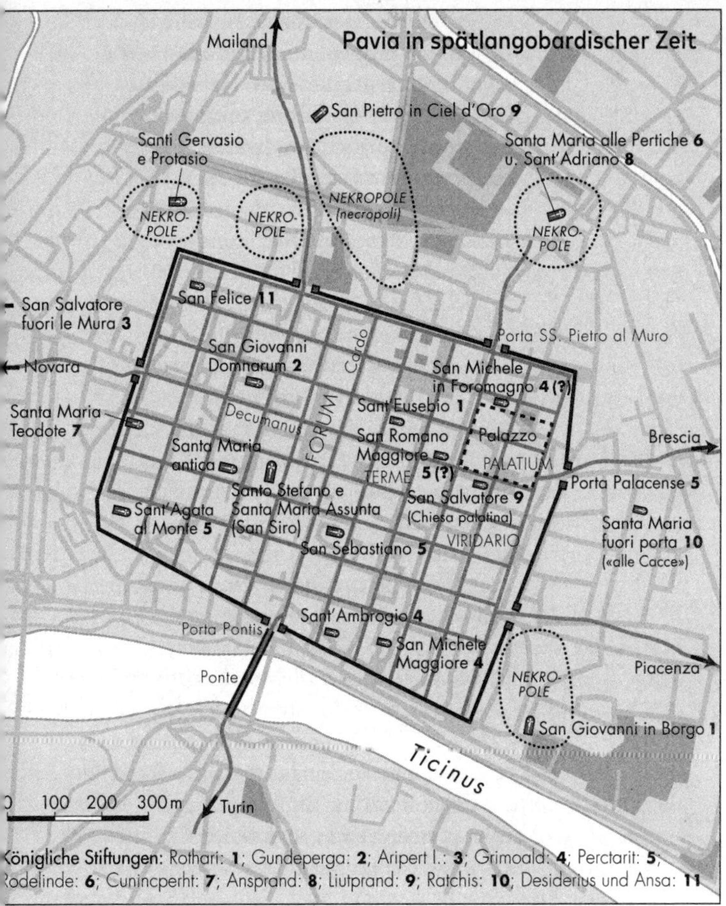

Königliche Stiftungen: Rothari: **1**; Gundeperga: **2**; Aripert I.: **3**; Grimoald: **4**; Perctarit: **5**; Rodelinde: **6**; Cunincperht: **7**; Ansprand: **8**; Liutprand: **9**; Ratchis: **10**; Desiderius und Ansa: **11**

Dass die Stadt am Ticino zur «Hauptresidenz» des langobardischen Königtums geworden war, zeigen auch die Herrschaftsusurpationen: Nur wer sich in Pavia durchzusetzen verstand, konnte fortan langobardischer König sein. In Pavia befand sich der königliche Schatz, und es war Sitz der wichtigsten Organe der Zentralverwaltung wie der königlichen Kanzlei, der Finanzadministration und der Münzprägestätte.

Perctarit ließ am östlichen Ausgang der Stadt, in der Nähe des Palastes, ein imposantes Stadttor errichten, die sog. *Porta Palacense* (*HL V,35*). Der repräsentative Profanbau evozierte Erinnerungen an die Urbanistik der römischen Zeit. Eine Klostergründung, die Perctarit zu Herrschaftsbeginn tätigte, stellte eine demonstrative Abrechnung mit Grimoald dar: *«Sobald er die Regierung übernommen hatte, errichtete er an der Stelle auf der Seite zum Ticinus hin, von wo aus er einst seine Flucht angetreten hatte, ein Kloster, das sogenannte ‹Neue›, für seinen Herrn und Befreier zu Ehren der hl. Jungfrau und Märtyrerin Agatha. Dort versammelte er zahlreiche Jungfrauen und stattete diesen Ort mit Gütern ebenso wie mit mancherlei Kunstwerken aus»* (*HL V,34*). Das heute großteils zerstörte Kloster «Sant'Agata al Monte» in der südwestlichen Ecke der Stadt innerhalb der Stadtmauern erinnerte daran, dass Grimoald einst (662) Perctarit mit einem falschen Versprechen nach Pavia gelockt hatte, um ihm das Leben zu nehmen; doch war es diesem gelungen, sich am Vorabend des Festtages der hl. Agata durch die List eines treuen Kammerdieners in einer abenteuerlichen Flucht von der Stadtmauer abzuseilen und über Asti und Turin ins Frankenreich zu gelangen (*HL V,2–4*). Seine Stiftung des Frauenklosters war das Fanal für die wiederhergestellte Ehre der bayerischen Dynastie. Das Kloster wurde zu einem Medium, um dynastische Legitimität religiös zu untermauern, indem im klösterlichen Gebet an Vorfahren des Herrschers erinnert und Gottes Unterstützung für die Stifterfamilie erfleht wurde. Erste Äbtissin wurde Perctarits Enkelin Cunincperga.

Perctarits Gattin ließ wenige Jahre später eine bedeutende Kirche errichten: *«Seine Königin aber, Rodelinde, gründete die Basilika der hl. Muttergottes vor den Mauern eben dieser Stadt Pavia, die den Beinamen ‹Ad Perticas› trägt, ein seiner Anlage nach großartiges Bauwerk, und ließ sie mit wunderschönem Dekor ausstatten. ‹Ad Perticas› aber heißt der Ort deswegen, weil dort einst ‹perticae›, das sind Stangen, senkrecht aufgestellt waren, die man aus folgendem Grund nach langobardischem Brauch zu errichten pflegte: Wenn nämlich jemand irgendwo im Krieg oder sonstwie zu Tode gekommen war, stellten seine Bluts-*

verwandten auf ihrer Begräbnisstätte eine Stange auf und befestigten an ihrer Spitze eine hölzerne Taube, die dorthin ausgerichtet war, wo ihr Angehöriger den Tod gefunden hatte, damit man wissen konnte, in welcher Richtung der Verstorbene ruhte» (*HL V,34*). Auch wenn Paulus Diaconus den – eigentlich aus dem Landvermessungswesen stammenden – Begriff «Pertica» falsch erklärte: Rodelindes – heute zerstörte – Kirchenstiftung sollte das im paganen Kontext von der Familie organisierte Gedenken an jene Kriegstoten, die nicht begraben werden konnten, in einen christlichen Kontext überführen, weshalb die Ortswahl auf einen außerhalb der Stadtmauer gelegenen Friedhof fiel. Rodelinde selbst, weitere Angehörige der Königsfamilie sowie ein Herzog ließen sich hier beisetzen, wie erhaltene Inschriften zeigen.

Die Widmung zur Ehre der «Gottesmutter» Maria verwies auf den besonderen Status Marias als menschlicher Gebärerin eines Gottes, wie er auf dem 3. Ökumenischen Konzil von Ephesos (431) dogmatisch fixiert worden war. Spätere, im Dreikapitel- und im Monotheletismusstreit heftig geführte Auseinandersetzungen um die menschliche und göttliche Natur in Christus berührten auch immer wieder den Status seiner Mutter als Gottesgebärerin. Dieser Bezug ist auch in der ungewöhnlichen Bauform erkennbar, welche die Kirche im Stadtbild Pavias und seiner Umgebung zu etwas Besonderem werden ließ. Nach dem Vorbild östlicher Zentralbauten hatte die Kirche einen kreisförmigen Grundriss mit einem von sechs Säulen abgegrenzten Chorumgang und einer Kuppel. Schon durch ihr Äußeres und ihr Patrozinium – die Schirmherrschaft der Gottesmutter über dieses Heiligtum – symbolisierte die Kirche den Anspruch des Königshofes, künftig in theologischen Fragen ein gewichtiges Wort mitzureden. Dazu sollte sich schon bald Gelegenheit ergeben.

Der oströmisch-langobardische Friedens- und Anerkennungsvertrag (ca. 678)

Um 678 anerkannte Konstantinopel erstmals grundsätzlich die staatliche Existenz des Langobardenreiches. Die Bedrohung durch die Araber, welche die Hauptstadt in den 670er Jahren belagerten, hatte den Kaisern bewusst gemacht, dass der religiöse Dissens zwischen Konstantinopel und dem Westen die Widerstandskraft des Imperiums insgesamt schwächte. Dieser Dissens hatte im Dreikapitel- und im sog. Monotheletismus-Streit die christliche Kirche des Imperiums und der mit ihm verbündeten westlichen Königreiche zutiefst erschüttert. Die oströmischen Kaiser Herakleios und Konstans II. hatten die monotheletische Auffassung, dass die menschliche und göttliche Natur in Christus demselben Ziel zustrebten, in der Hoffnung propagiert, damit die auf Distanz gegangenen Kirchen des Orients für die Reichskirche zurückzugewinnen. Es gehört zu den schwer auflösbaren inneren Widersprüchen des Imperium Romanum, dass diese eigentlich wohlmeinende Politik Konstantinopels gegenüber den orientalischen Christen die westlichen Kirchen geradewegs ins Schisma trieb. In Karthago (646) und in Rom (651) hatten sich gegen Konstans II. jeweils Usurpatoren erhoben, die für sich den Kaisertitel beanspruchten und bei der kirchlichen Führung auf breite Unterstützung stießen, als sie einen religionspolitischen Kurswechsel in Aussicht stellten. Diese Widerstände hatte Kaiser Konstans II. noch gewaltsam unterdrücken können.

Konstantin IV. (668–685), sein Sohn und Nachfolger, wurde vom Papst Vitalian unterstützt, der auf eine Änderung des religionspolitischen Kurses hoffte. Zudem lebten die christlichen Gemeinden im Orient nun schon seit einer Generation unter arabischer Herrschaft. Als ihm um 677 der Abschluss eines Friedensvertrages mit dem Kaliphen Muawiya I. gelang, da sich das Kalifat im Bürgerkrieg befand, hatte Konstantin IV. den nötigen Spielraum, um die Balkangrenze zu konsolidieren und die westlichen Königreiche wieder in die eigene Politik einzubinden. Die oströmische Geschichtsschreiber Theophanes Confessor zeichnet das Bild einer umfassenden Befriedungspolitik Konstantins IV. Ihm zufolge schickten *«der Khan der Awaren und alle Könige, Militärkommandeure (Exarchen) und Gastalden, die jenseits der Awaren lebten, und die Fürsten der westlichen Völker Gesandte mit Geschenken an Konstantin, um Frieden und Freundschaft zu bekräftigen, was dieser in einem kaiserlichen Frieden anerkannte»* (*TC, AM 6169*). Da im griechischen Text neben den Exarchen die langobardische Amtsbezeichnung «Gastalden» auftaucht, gilt als sicher, dass auch ein Friedenschluss mit den Langobarden zustande gekommen war. Dass mit Perctarit ein katholischer Monarch an der Spitze der Langobarden stand, dürfte Konstantinopel das Eingehen eines solchen Vertrages erleichtert haben. Denn Theophanes betonte, dass ein, wenn nicht der wichtigste Grund für Konstantins Friedenspolitik dessen Wille gewesen sei, *«die heiligen Kirchen Gottes, die überall seit den Tagen des Kaisers Herakleios untereinander zerstritten waren, nun zu einen»* (*TC, AM 6171*).

Das hört sich allerdings um ein Vielfacheres einfacher an, als es gewesen sein mag. Die westlichen Königreiche verfolgten im Umgang mit den theologischen Dogmen unterschiedliche Strategien. Als seine wichtigste Aufgabe sah es Papst Agatho in Rom daher an, noch vor dem geplanten Ökumenischen Konzil zunächst die religiöse Eintracht des Westens wiederherzustellen. Er ordnete die Abhaltung von «Landessynoden» an und ließ aus den westlichen Königreichen Bischöfe in Rom zusammenkommen, damit der Papst, durch ihr Votum gestärkt, auf dem für November 680 anberaumten Konzil in Konstantinopel seine starke Stimme würde erheben können. Auf der römischen Vorbereitungssynode im März 680 finden wir tatsächlich Seite an Seite Bischöfe aus dem angelsächsischen England, dem fränkischen Gallien sowie allen Teilen Italiens, die unter dem Vorsitz Roms und des heiligen Petrus eine «Harmonie im Glauben» verband. Kaiserliche Friedensverträge und die Diplomatie des Papstes, der sich als Sprecher der christlichen Völker des Westens gerierte, erlaubten, dass unter schwierigen politischen Rahmenbedingungen eine Einigung in Glaubensfragen gelang. Das Langobardenreich hatte Konstantinopel also durchaus auch mit dem Ziel der grenzüberschreitenden dogmatischen Versöhnung anerkannt, und König Perctarit hatte aufgrund seines persönlichen Bekenntnisses keine Schwierigkeiten, sich darauf einzulassen. 679 erlaubte er, dass in der Mailänder Kirchenprovinz eine vorbereitende Synode unter dem Erzbischof Mansuetus stattfand. Und tatsächlich finden sich auf der römischen Lateransynode vom März 680 zahlreiche Bischöfe aus dem langobardischen Italien (*ACO II,2,1, S. 132–135* u. *149*). Die politische Bedeutung des doppelten politischen und theologischen Schulterschlusses ist kaum zu überschätzen. Die Kirchenprovinz Mailand, dessen Bischof bei der Invasion noch nach Genua geflohen war und erst Mitte des 7. Jahrhunderts in die alte Kapitale zurückkehren durfte, bildete das kirchliche Rückgrat der in Pavia residierenden katholischen Könige. Die dem rechtgläubigen Königtum unterstellte Kirche kommunizierte mit Rom, und auf der römischen Lateransynode war auch der Erzbischof von Ravenna zugegen, der auf seinen von Konstans II. verbrieften Autonomieanspruch gegenüber Rom alsbald wieder verzichten musste. Italien befand sich damit auf dem Weg zur Einheit in Glaubensdingen trotz politischer Vielfalt.

Damian von Pavia, die Kirchenprovinz Mailand und das VI. Ökumenische Konzil (680/81)

Die neuen Handlungsspielräume, die daraus für das langobardische Königtum erwuchsen, lassen sich am Bedeutungszuwachs des Bischofs der Königsstadt Pavia ablesen. Unter König Rothari hatten innerhalb der Stadtmauern noch gleichzeitig ein arianischer und ein katholischer Bischof residiert. Anastasius, der 680 als Bischof von Pavia bezeugt ist, war zunächst Arianer, hatte sich dann jedoch im Amt zum katholischen Christentum bekehrt (*HL IV,42*); das Amt des arianischen Bischofs blieb danach offenbar unbesetzt. Als er starb, wurde zu seinem Nachfolger Damian ernannt, ein hochgebildeter Theologe aus dem Klerus von Mailand, der schon vorher zu den engsten religionspolitischen Beratern des Hofs gehört hatte. Vermutlich in Athen geboren und aufgrund seiner griechischen Prägung in christologischen Fragen eine versierte theologische Autorität, verfasste er für seinen Metropoliten, den bereits erwähnten Mansuetus von Mailand, einen Brief an Kaiser Konstantin IV. (*HL V,38; VI,4*). Durch eine Synode der Mailänder Kirchenprovinz zu Jahresbeginn 680 autorisiert, suchte Damian darin den Monotheletismus theologisch zu widerlegen und verband dies mit einer Erläuterung des Glaubensbekenntnisses (*PL 87, Sp. 1261–1267*). Brief und Glaubensformel wurden anschließend auf der Synode in Rom im März 680 diskutiert und sollen sogar auf dem VI. Ökumenischen Konzil in Konstantinopel 680/681 eine bedeutende Rolle gespielt haben. Paulus Diaconus, der diesen Ereignissen große Bedeutung beimaß, berichtet, beim Synodalbeschluss, der schließlich den Monotheletismus als Irrlehre verurteilte, *«fielen solche Menge Spinnweben mitten unter den Leuten vom Himmel, dass alle staunten; und das war ein Zeichen dafür, dass der Unrat häretischer Verirrungen beseitigt war»* (*HL VI,4*). Um diese Zeit wurde Damian zum neuen Bischof von Pavia erhoben, worin sich auch ein theologischer Führungsanspruch des Hofes ausdrückte. Zugleich war die wiederhergestellte Glaubenseinheit auch ein Signal an die römische Bevölkerung des Langobardenreiches, auf welche die Langobarden nach ihrer Anerkennung durch Konstantinopel in anderer Weise zugehen mussten als zuvor.

In diesen weiteren Zusammenhang gehört vermutlich auch eine kurze Passage eines um 700 verfassten Gedichts (*CST, Strophe 2*), in dem berichtet wird, Perctarit habe als König, darin dem Vorbild seines Vaters Aripert folgend, Juden in seinem Reich mittels Taufe zur Annahme des Christentums gezwungen, indem er jene, die sich weigerten, mit dem Schwert töten ließ. Die historischen Zusammenhänge, in denen diese Zwangsbekehrungen erfolgten, sind heute nicht mehr genau rekonstruierbar; auch ist über die Existenz jüdischer Gemeinden im Langobardenreich nur wenig bekannt. Vom Herrscher angeordnete Zwangsbekehrungen sind jedoch wiederholt im römischen Imperium des 6. und 7. Jahrhunderts bezeugt, und womöglich zeitgleich auch in Ravenna (*LPR 119* u. *133*), weshalb einiges dafürspricht, diese Maßnahmen mit der Annäherung der katholischen Langobardenkönige an Rom und Ostrom in Verbindung zu bringen. Es gibt Indizien dafür, dass bei der Rechtfertigung der Zwangsbekehrungen Damian, der zu diesem Zeitpunkt noch nicht Bischof von Pavia war, eine Rolle gespielt haben könnte. Alles Weitere bleibt hingegen Spekulation.

Die Rebellionen des Herzogs Alahis und die Schlacht bei Coronate (689)

Perctarits Politik, im Zusammengehen mit Rom und Konstantinopel die Position des Langobardenreiches nach außen zu festigen, scheint im Inneren seines Reiches ein riskantes Spiel gewesen zu sein. Als er zur selben Zeit (um 679) seinen Sohn Cunincperht zum Mitkönig machte, rebellierte Alahis, der Herzog von Trient, gegen ihn (*HL V,36–41*). Die zeitliche Koinzidenz mit Perctarits Annäherung an Konstantinopel und der Königserhebung Cunincperhts ist auffällig. Die genaueren Ursachen des Aufstandes sind heute jedoch nicht mehr genau feststellbar. Immerhin fällt auf, dass Alahis seine Machtbasis im Etschtal (Trient, Bozen) und am Alpenrand (Brescia) hatte. Ausgerechnet im Königssohn Cunincperht fand Alahis dann einen Fürsprecher, der eine Versöhnung zwischen ihm und Perctarit vermittelte, so dass er sogar noch zum Herzog von Brescia ernannt wurde.

In einer zweiten Rebellion, bald nach dem Tod Perctarits (689), bemächtigte sich Alahis mithilfe von Bürgern Brescias und zahlreicher Langobarden des Königspalastes in Pavia, als König Cunincperht nicht in der Stadt weilte. Dieser musste sich daher an den Comer See zurückziehen und Alahis Pavia überlassen, der dort freilich in scharfen Konflikt mit dem örtlichen Klerus geriet. Einem Diakon, der als Bote des Bischofs Damian zu ihm kam, soll Alahis mangelnde Keuschheit unterstellt haben, indem er ihm gebot, seinen Palast nur in frisch gewaschenen Unterhosen zu betreten. Möglicherweise bediente Alahis mit seinem Ressentiment auch eine kritische Haltung gegenüber zu dieser Zeit in Ostrom erkennbaren Bemühungen, den Zölibat des Klerus zu lockern. Das Regiment, welches Alahis in Pavia führte, verlor jedenfalls rasch an Beliebtheit, zumal er auch bei der Erschließung neuer Geldquellen nicht zimperlich vorging. Seinen Widersachern gelang es schließlich, ihn zum Verlassen der Stadt für eine Jagdpartie zu veranlassen, um sogleich König Cunincperht herbeizuholen, der dort zur Freude des örtlichen Klerus und Volkes wieder auf seinem Thron Platz nehmen konnte. Alahis flüchtete daraufhin nach Venetien und Friaul, wo die Herzöge mehrerer Städte (u.a. Vicenza, Treviso und Cividale) mit ihren Heeren die Seite wechselten und ihm den Treueid schworen. Das von ihm regierte «Ostreich» (Austrien) war so mächtig geworden, dass der entbrannte langobardische Bürgerkrieg schließlich im Jahr 688 bei Coronate (zwischen Monza und Bergamo gelegen) in einer blutigen Schlacht entschieden werden musste. Paulus Diaconus berichtet, Alahis habe eine Entscheidung durch Zweikampf verweigert, als er im Heer seines Gegenübers das Bildnis des Erzengels Michael erblickte, den Cunincperht zum Schlachtenhelfer aufbaute und bei dem Alahis dem König einst seinen Treueid geschworen hatte. Bei der offenen Feldschlacht starben auf beiden Seiten zahlreiche Kämpfer. Schließlich wurde, nachdem die Truppen aus Friaul ihm die Gefolgschaft verweigerten, auch Alahis selbst ergriffen, enthauptet und verstümmelt. Cunincperhts siegreiches Heer kehrte im Triumphzug nach Pavia zurück.

Hinter Alahis hatten offenbar konservative Kreise gestanden, die den Kurs des Paveser Hofes gegenüber Rom und Konstantinopel ablehnten. Die ihm unterstellte Klerusfeindlichkeit deutet an, dass auch religiöse Gründe eine Rolle spielten. Sie mischten sich mit regionalen Spannungen, denn zeitweise war es Alahis gelungen, die Militärverbände und hohen Funktionäre des gesamten nordöstlichen Langobardenreiches hinter sich zu vereinen. Bald nach der Schlacht ließ König Cunincperht auf der Rückseite der Goldmünzen, deren Vorderseite sein Name und das eigene Konterfei zierten, das traditionelle Bild der Siegesgöttin Victoria durch das Bildnis des Erzengels Michael (*SCS MI-HAHIL*, Abb. 2) ersetzen, dessen Eingreifen er seinen Sieg zuschrieb. Wie in Waffengräbern gefundene Goldblattkreuze und Ausrüstungsgegenstände mit christlichen Zeichen bezeugen, stand auch das langobardische Militärwesen unter christlichen Einfluss, und in der Tat waren die Truppen wohl unter Anrufung des Erzengels auf den König vereidigt worden. Auf dem Schlachtfeld von Coronate stiftete Cunincperht zur Erinnerung an seinen Sieg auch noch ein Kloster, das dem hl. Georg geweiht war (*HL VI,17*), der ebenfalls zu den Militärheiligen zählte.

In die Zeit kurz nach der Schlacht bei Coronate fällt auch die Eheschließung Cunincperhts mit Hermelinde, einer Tochter des angelsächsischen Königs Caedwalla von Wessex. Dieser hatte zuvor als König abgedankt und sich auf eine Pilgerreise nach Rom begeben, wo er sich 689 von Papst Sergius I. taufen ließ. Auf dem Weg dorthin begleitete ihn seine Tochter. Die Hochzeit fand in Pavia statt. Damit wurden die freundschaftlichen Bande befestigt, die Cunincperhts Vater Perctarit während seines angelsächsischen Exils geknüpft hatte. Die Wahl Hermelindes als Ehepartnerin belegt zudem, wie sehr man in Pavia zu dieser Zeit politisch über die Grenzen des eigenen Reiches hinausblickte. Freilich ging König Cunincperht kurze Zeit später eine außereheliche Beziehung zu einer Römerin namens Theodotis ein, die er dann in einem (später nach ihr benannten) Paveser Kloster internieren ließ (*HL V,37*).

Die Synode von Pavia (698) und das Ende des Dreikapitelschismas

Seit die Kirchenprovinz Mailand 679 in die Gemeinschaft mit Rom und Konstantinopel zurückgekehrt war, erhöhte sich der Druck auf die zweite große Kirchenprovinz im Langobardenreich, die seit dem Dreikapitelschisma abtrünnige Kirche von Aquileia, ihre Frontstellung gegenüber Grado aufzugeben. Das 607 entstandene Schisma mit der Spaltung des Patriarchats von Aquileia war vor allem in Friaul und Venetien virulent. Die dortigen Bischöfe erkannten nur die ersten vier ökumenischen Konzilien an, nicht jedoch das fünfte. Wenn sich daher in Venetien oder Friaul politischer Widerstand gegen das Königtum regte, konnte dieser womöglich auch mit kirchlicher Unterstützung rechnen. Als in Friaul der Herzog Rodoald seine Stadt Cividale verlassen hatte, riss in den 690er Jahren ein Burggraf namens Ansfrit die Herrschaft an sich, doch *«nicht zufrieden mit der Herrschaft über Friaul, ging er noch weiter, stellte sich gegen Cunincperht und plante den Angriff auf dessen Herrschaft»* (*HL VI,3*). Ansfrit wurde jedoch in Verona verhaftet, woraufhin ihn der König als Hochverräter blenden und exilieren ließ.

Hiermit war der Widerstand in Austrien endgültig gebrochen, so dass sich Cunincperht daran machen konnte, auch dort die religiöse Enheit durchzusetzen. In die Karten spielte ihm dabei, dass der Bayernherzog Theodo II. im Jahr 696 in Salzburg getauft wurde, womit der nordalpine Ableger der Kirche von Aquileia bereits zwei Jahre zuvor die Abkehr vom Dreikapitelschisma vollzogen hatte. Cunincperht lud im Jahr 698 den Patriarchen Petrus I. von Aquileia und die Bischöfe aus dessen Kirchenprovinz in den königlichen Palast von Pavia zu einer Synode ein, wo diese auf ihre Amtskollegen römischer Obödienz trafen. Über diese Synode verfasste ein Kleriker bald nach den Ereignissen ein Lobgedicht (*CST*). Er pries darin die Religionspolitik der katholischen Könige Aripert, Perctarit und Cunincperht, lobte Cunincperhts Kampf gegen den *«überaus nichtsnutzigen Alahis»*, vor allem jedoch sein Bemühen, die Kirche von Aquileia mit der römischen auszusöhnen und das norditalische Dreikapitelschisma zu beenden. Während der fast hundertjährigen Entfremdung war es dazu gekommen, dass die Dissidenten von Aquileia sich weigerten, die von Bischöfen der Gegenseite im Namen der Trinität gespendeten Taufen anzuerkennen; der theologische Konflikt war damit im Leben der einzelnen Gläubigen spürbar geworden. König Cunincperht musste auf der Synode äußerst vorsichtig agieren, denn letztlich waren es ja seine Amtsvorgänger gewesen, die die theologische Spaltung des Patriarchats von Aquileia aus politischen Gründen massiv unterstützt hatten. Dem Vorgehen der Aquileienser durfte also nicht jegliche Berechtigung abgesprochen, keinesfalls durften sie nun insgesamt als Häretiker verurteilt werden. Zudem hatte die Rebellion des Alahis gezeigt, wie schnell die Situation entgleiten konnte, sobald sich religiöses Dissidententum mit politischer Unzufriedenheit verband. Tatsächlich hat die Synode den Schwenk im Ergebnis einigermaßen einvernehmlich vollzogen und den Bischöfen der Kirchenprovinz Aquileia die Möglichkeit gegeben, ihr Gesicht zu wahren. Die Bischöfe der römischen Observanz – die also der päpstlichen Linie in Glaubensdingen folgten – bekräftigten die Verurteilung der Drei Kapitel durch das 5. Ökumenische Konzil von 553. Der Patriarch von Aquileia fand sich zum Einlenken bereit, da eine (leider nicht mehr erhaltene) Kompromissformel bestimmte, unter welchen Bedingungen die Bischöfe seiner Kirchenprovinz das 5. Ökumenische Konzil nun nachträglich anzuerkennen bereit waren. Diese Formel wurde dann von sämtlichen Bischöfen durch ihren Eid als verbindlich bekräftigt. Architekt der gefundenen Lösung war der schon erwähnte Bischof Damian von Pavia. Noch heute sind zahlreiche Kopien eines Manuskripts mit exzerpierten Kirchenrechtstexten erhalten, auf die er sich auf der Synode berief. Im Anschluss an die Synode wurde Damian entsandt, um die Zustimmung Roms einzuholen. Der Papst stimmte zu, drängte jedoch König Cunincperht dazu, die Schriften der drei verurteilten Theologen noch einmal demonstrativ verbrennen zu lassen.

Die exponierte Rolle des Bischofs von Pavia erzeugte freilich andere innerkirchliche Friktionen. Die Bischöfe der Kapitale wollten sich nicht damit zufriedengeben, ihrem Mailänder Metropoliten nur die Feder zu führen. Ein unbekannter Paveser Kirchenschriftsteller baute daher das nur bruchstückhaft bezeugte Wirken des ersten überlieferten Bischofs von Pavia, des wohl im 4. Jahrhundert tätigen Syrus, zu einer imposanten Legende aus *(BHL 7976)*. Er datierte dessen Tätigkeit in die Zeit der neronischen Christenverfolgung (64 n. Chr.) zurück und machte ihn zu einem Zeitgenossen des hl. Hermagoras, jenes Markusschülers, der die Kirche von Aquileia gegründet und von dort Syrus nach Pavia entsandt haben soll; und Syrus habe, so behauptete der Verfasser dreist, Reliquien der Heiligen Gervasius und Protasius besessen und, lange bevor diese in Mailand zu Patronatsheiligen wurden (386), zu deren Ehren in Pavia bereits eine Kirche gegründet. War damit erst einmal der Grundstein für die Begründung einer apostolischen Tradition der Paveser Bischofskirche gelegt, um den lästigen Mailänder Oberen die Stirn zu bieten, so war es folgerichtig, dass man Syrus nun als versierten Theologen präsentierte, der sich bereits mit jenen christologischen Feinheiten bestens auskannte, die erst Jahrhunderte später die christliche Kirche erschüttern sollten.

6. «Fürst des katholischen und gottgeliebten Volkes der Langobarden»: Das Zeitalter König Liutprands (712–744)

Nach dem Tod König Cunincperhts kam es zu raschen und blutigen Thronwechseln. Liutpert (700–701), sein Sohn und Nachfolger, war noch minderjährig, die Regentschaft wurde in die Hände Ansprands, des Herzogs von Asti, gelegt. Dagegen erhob sich der Herzog von Turin, Raginpert, ein Neffe Cunincperhts, und konnte seinen Thronfolgeanspruch im Jahr 701 militärisch durchsetzen. Als Raginpert kurze Zeit später starb, folgte ihm sein Sohn Aripert II., der über 10 Jahre an der Macht blieb (701–712). Er besiegte das Heer König Liutperts in einer Schlacht bei Pavia (703) und ließ den gefangen genommenen Liutpert ermorden. Seinem Regenten Ansprand gelang zwar die Flucht über die Alpen zu Theodo II., dem Herzog der Bajuwaren, doch wurde sein älterer Sohn geblendet, seiner Frau und Tochter Nase und Ohren abgeschnitten. Offenbar orientierte sich Aripert an Verstümmelungspraktiken, wie sie im oströmischen Reich praktiziert wurden, um bei Zwistigkeiten um den Kaiserthron politische Rivalen amtsunfähig zu machen. Allein Ansprands jüngerer Sohn Liutprand wurde am Leben gelassen und durfte seinem Vater ins bayerische Exil folgen (*HL VI,22*), vermutlich nach Salzburg. Zehn Jahre später erfolgte die Wende: Ansprand und Liutprand konnten mit einem bayerischen Heer, angeführt von Herzog Theodos Sohn Theudebert, den Thronstreit neu eröffnen. Es gelang ihnen, Aripert nach einer Meuterei seines Heeres bei Pavia in die Flucht zu schlagen, auf der er im Ticinus ertrank. Dem siegreichen neuen König Ansprand, der nur wenige Monate darauf starb, folgte im Jahr 712 dessen Sohn Liutprand, der in Pavia zum König gekrönt wurde. Einen Aufstand konnte er bald darauf niederschlagen, um danach mehr als dreißig Jahre zu regieren.

Ein Reliquientransfer, der Bilderstreit und die Auflösung vertrauter Allianzen (ca. 720–732)

In den Prologen zu seinen zahlreichen Gesetzen ließ Liutprand sich überschwänglich feiern: «*Ich, Liutprand, im Namen des allmächtigen Gottes erlauchtester König des über alle Maßen glücklichen, katholischen und von Gott geliebten Volkes der Langobarden*» (*LL II, Prolog,* a. 717). Neben sein Gottesgnadentum traten die Langobarden als rechtgläubiges, ja auserwähltes Volk. Dazu passte es, dass Liutprand mit dem Erwerb der sterblichen Überreste des hl. Augustinus von Hippo (gest. 430) ein Coup der besonderen Art gelang. Die schon früher nach Sardinien verbrachten Reliquien des afrikanischen Kirchenvaters galten, als Karthago 698 unter muslimische Herrschaft kam und alsbald von dort arabische Seeangriffe nach Italien unternommen wurden, dort als nicht mehr sicher. Möglicherweise in Cagliari ließ Liutprand zwischen 720 und 725 die Reliquien käuflich erwerben und in einem feierlichen Umzug nach Pavia überführen (*HL VI,48*), wo sie in der von ihm ausgeschmückten und durch ein Kloster erweiterten Kirche San Pietro in Ciel d'Oro («St. Peter im goldenen Himmel») vor den Mauern der Stadt beigesetzt wurden. Obwohl einst hochbetagt bei der Belagerung seiner Stadt durch die Vandalen gestorben, war Augustinus doch kein Märtyrer im eigentlichen Sinne gewesen. Zu Beginn des 8. Jahrhundert galt er vor allem als überragende theologische Autorität des lateinischen Westens, und dies dürfte auch der Grund gewesen sein, warum der langobardische Königshof seine Gebeine für viel Geld erwarb.

In dieselbe Zeit fallen auch die Anfänge jenes Konfliktes, der gewöhnlich als «byzantinischer Bilderstreit» bezeichnet wird. Der oströmische Kaiser Leon III. (718–741) soll, so wird berichtet, im Jahr 726 befohlen haben, eine Christusikone vom Tor des Kaiserpalastes in Konstantinopel zu entfernen; kurze Zeit später habe Leon ein allgemeines Verbot der Verehrung religiöser Bilder verhängt, weil man diese als Verstoß gegen das zweite mosaische Gebot interpretierte («Du sollst Dir kein Gottesbildnis machen» – Dtn. 5,8 f.); die Entfernung aller Christus-,

Marien- und Heiligenikonen aus den Kirchen des oströmischen Reiches sei darauf erfolgt. Lange hat die Forschung angenommen, der Konflikt sei erst nach der Mitte des 8. Jahrhunderts eskaliert, doch ist jüngst auf zwei Widmungsinschriften hingewiesen worden, die König Liutprand um 730 in der Pfalzkapelle einer von ihm errichteten Sommerresidenz in Corteolona (ca. 25 Kilometer östlich von Pavia an einem Seitenfluss des Po gelegen) anbringen ließ: Er habe, so ist dort zu lesen, eine prachtvolle Kirche zu Ehren des hl. Anastasius geweiht, eines aus Persien stammenden Märtyrers, und zwar *«als Kaiser Leo, von einem armseligen Theologen überzeugt, vom Gipfel der Gerechtigkeit in die Grube des Schismas abstürzte»*. Zuvor sei er, Liutprand, nach Rom gezogen, zum *«Haupt des Glaubens»*, habe das dort befindliche Haupt des Märtyrers Anastasius des Persers geküsst und schließlich den Entschluss gefasst, *«für sein gläubiges Volk»* diesem Märtyrer zu Ehren eine Kirche zu errichten (abschriftlich überliefert, BAV Pal. Lat. 833, fol. 48 v). Durch seinen Kirchenbau, mit dem er sich in die Tradition Salomons stellen wollte, der in alttestamentarischer Zeit seinen berühmten Jerusalemer Tempel bauen ließ, distanzierte sich Liutprand demonstrativ von Konstantinopel und suchte sich als Vorkämpfer der Orthodoxie zu profilieren. Um dieselbe Zeit (731) lud Papst Gregor III. in St. Peter zu einer Synode auf dem Vatikan, zu der Kleriker aus ganz Italien kamen; dort ließ er die Entfernung und Zerstörung religiöser Bilder verfluchen und mit schärfsten kirchlichen Sanktionen bedrohen.

Der Bilderstreit war jedoch nur eine Konfliktlinie mit Konstantinopel. Schon 727 hatten Liutprands Truppen massive Angriffe gegen das Exarchat unternommen und Ravenna belagert, dessen Hafen Classe er zuvor zerstört hatte (*HL V,49; LPR 151*). Den Langobarden gelang die Einnahme Bolognas und weiterer Städte in dessen Umgebung sowie in der Pentapolis, woraufhin in Ravenna der Exarch Paulus im Zuge einer Revolte ermordet wurde. Weiter südlich eroberte im folgenden Jahr der Herzog von Spoleto die mittelitalienischen Städte Osimo und Narni sowie Sutri, letzteres nur fünfzig Kilometer nördlich von Rom gelegen. Die allgemeine Situation im Exarchat war höchst instabil, denn Kaiser Leon III. hatte Italien mit hohen Abgaben belegt, um seine militärischen Ausgaben zu refinanzieren. Dies brachte auch den Papst auf scharfen Konfrontationskurs, zumal der Kaiser ihm auch die kirchlichen Jurisdiktionsrechte über Süditalien und das Illyricum hatte entziehen lassen. 727 kam es in Griechenland zur Ausrufung eines Gegenkaisers, und bald verfolgten auch die Heere der Pentapolis und weiterer Teile Italiens die Absicht, einen eigenen Kaiser zu erheben und gegen Konstantinopel zu ziehen. Der loyale Papst freilich habe den Aufständischen geraten, *«von der Liebe und Treue zum römischen Imperium nicht abzugehen»* (*LP V. Gregorii II, cc. 17, 20, 23*). Im Jahr 728 versuchte ein Usurpator namens Tiberius Petasius die *«Königsherrschaft über das römische Imperium»* zu erringen, indem er sich von Bewohnern römischer Festungen in Latium und der südlichen Toskana den Treueid schwören ließ. Er wurde jedoch getötet, sein abgeschlagenes Haupt nach Konstantinopel gebracht. Im folgenden Jahr findet man Liutprand überraschenderweise zusammen mit dem neuen Exarchen Eutychius in feindseliger Absicht vor Rom. Während der Exarch fiskalische Interessen verfolgte, bediente sich Liutprand seiner Hilfe, um die langobardischen Herzogtümer Spoleto und Benevent wieder unter seine Kontrolle zu bringen, die sich zuvor mit dem Papst gegen Ravenna verbündet hatten. All diese Konflikte und Konstellationen zeigen, dass der vom Exarchat garantierte Ordnungsrahmen in Italien zunehmend an Bedeutung verlor und dass nun auch nicht mehr alle Langobarden vereint gegen das Exarchat und gegen Rom kämpften: Koalitionen einstiger Gegner waren in Italien inzwischen denkbar geworden. Nach längeren Verhandlungen wurde Liutprand in die Ewige Stadt gelassen. Zwischen dem Langobardenkönig, dem Exarchen, dem Papst sowie den Herzögen von Spoleto und Benevent kam es zu einer Kompromissvereinbarung.

In Rom soll Liutprand in einer Ergebenheitsgeste seine Krone mitsamt Mantel und Waffen vor dem Petrusgrab niedergelegt und dem Apostelfürsten geschenkt haben. Danach übertrug er dem Papst die zuvor eroberte Festungsstadt Sutri (*LP V. Gregorii II, 21*). Diese «Schenkung von Sutri», später von Liutprand noch um einige Städte erweitert, bildete einen wichtigen Baustein für das bald darauf entstehende weltliche Herrschaftsterritorium des Papstes, den sogenannten «Kirchenstaat». Paulus Diaconus stellte den weltlichen Machtzuwachs des Papstes in Zusammenhang mit dem Bilderstreit: Liutprand habe die Gebiete eines schismatischen Kaisers erobert und daher sein Territorium mit einem gewissen Recht auf Kosten des Exarchats erweitert (*HL VI,49*). In Rom betonte man zwar, dass diese Gebiete dem Kaiser gehörten, nutzte aber gleichzeitig ungeniert die Gelegenheit, oströmische Besitzungen mit Hilfe der Langobarden an sich zu reißen. In jedem Fall war eine Durchsetzung der ikonoklastischen Politik Konstantinopels in Rom und im Exarchat auf Grund der politischen Entwicklung unwahrscheinlich geworden. Wie Liutprands Inschriften von Corteolona zeigen, scheute das langobardische Königtum in der Bilderfrage nicht die Konfrontation mit Konstantinopel. Die auffällige Häufung von langobardischen Kirchen mit dem hl. Erlöser (*salvator*) als Patrozinium bestätigt dies. Die Stiftung von «Salvator»-Kirchen reicht ins spätere 7. Jahrhundert zurück, doch haben die Päpste im Bilderkonflikt den Kult des Erlösers und seine bildliche Darstellung massiv gefördert. Auch Liutprand hat im Königspalast in Pavia eine Hofkapelle zu Ehren des hl. Erlösers erbauen lassen und dort eine Klerikergemeinschaft eingesetzt, die ihm täglich das Chorgebet singen sollte (*HL VI,58*). Die in Liturgie und Bilddarstellung fortan häufig anzutreffende römische Heiligenreihung von Salvator, Gottesmutter, Aposteln und Heiligen verkörperte sozusagen den westlichen Gegenentwurf zum oströmischen Ikonoklasmus, und die Langobarden wussten sich in diesem Streit an der Seite des Papstes.

Neue Regeln für eine christliche Gesellschaft: Liutprands Gesetzgebung

Der an den König ergangene Auftrag Gottes, die langobardische Gesellschaft weiter zu verchristlichen, kennzeichnet auch Liutprands Gesetzgebung. Mit Gesetzesnovellen aktualisierte er das Edikt König Rotharis von 643, da sich die langobardische

Gesellschaft in den verstrichenen 70 Jahren tiefgreifend verändert hatte. Zwischen 713 und 735 erließ der König, jeweils auf Jahresversammlungen zusammen mit seinen Richtern und den «langobardischen Getreuen» (*fideles Langobardi*) und dem Volk, eine Vielzahl neuer Normen. Der christliche Impetus des Herrschers war dabei zentraler Beweggrund. Zugleich blieb aber das Ziel bestimmend, die langobardische Rechtsidentität und mit ihr auch die fortbestehende Gültigkeit des ungeschriebenen Gewohnheitsrechts (*cawarfida*) zu bewahren (*LL XIV,77* u. *XXI,133*).

Vieles davon wäre vor dem Konfessionswechsel undenkbar gewesen. Wer etwa einen Wahrsager oder eine Wahrsagerin konsultierte, sollte dafür sein halbes Wergeld an den königlichen Palast zahlen und sich zudem einer kirchenrechtlichen Buße unterziehen (*LL X,84* vom Jahr 727). Mit Geld- und Kirchenbuße wurde ein duales Sanktionssystem statuiert. Gleiches sollte für Bauern gelten, die sich durch Beten und Beschwörungen bei Bäumen und Quellen des Sakrilegs schuldig machten. An der doppelten Sanktionierung, aber auch an der Aufforderung, solche Täter zu denunzieren, wird deutlich, wie im Bereich der Religionsausübung Ideen von einem christlich motiviertem «öffentlichem Recht» Einzug erhielten.

Auch im Familienrecht kam es zu gravierenden Veränderungen. Töchter eines Langobarden sollten, wenn eheliche Söhne fehlten, in das gesamte Erbe eintreten dürfen, selbst wenn sie bereits in eine andere Familie eingeheiratet hatten (*LL I,1–5; V, 14; XVI,102*). Die Struktur langobardischer Familien veränderte sich in der Weise, dass diese ihr Gut vor allem an die unmittelbare Nachkommenschaft weitergeben wollten, weniger an die Seitenverwandten. Regelungen zur Veräußerung von Vermögen durch Frauen (*LL IX,22*), zur Stärkung der Vermögensrechte einer nicht erneut heiratenden Witwe (*LL XVI,100*) und zum freiwilligen Eintritt von Frauen in den Stand von Religiosen bzw. in ein Kloster (*LL XI,30; XVI,100; XVI,101*) zeigen, dass man religiös motiviertes Rechtshandeln von Frauen zu stützen und dafür gewisse Härten der langobardischen Vormundschaftsgewalt abzumildern suchte. Ein Gesetz des Jahres

731 (*LL XIX,127*) behandelt den Fall einer Langobardin, die zuerst einen Römer und nach dessen Tod ohne Zustimmung ihrer (langobardischen) Verwandten einen anderen Mann geheiratet hatte. Der Gesetzgeber war erkennbar bemüht zu betonen, dass die langobardische Frau durch ihre Eheschließung rechtlich eine Römerin geworden war, weswegen ihre langobardischen Verwandten ihren zweiten Mann weder mit Fehde (*faida*) überziehen noch von ihm eine Buße dafür verlangen durften, dass er sich ihrer Verwandten sexuell genähert hatte (*anegrip*). Die Frau war Römerin, und im römischen Recht gab es kein Recht zur Fehde und auch keine so weit reichende Vormundschaftsgewalt. Die ethnisch definierten Unterschiede zwischen langobardischem und römischem Recht waren weiterhin groß; nach dem Fall der Konfessionsschranke konnten sie gerade bei Eheschließungen hart aufeinanderprallen. Dies machte eine Kollisionsregel zwischen langobardischem und römischem Recht notwendig. Liutprand erließ zwar keine Gesetze für die Römer, doch hatte er nun stets auch die Rechtsverhältnisse der Römer im Blick. Ein 727 erlassenes Gesetz legte fest, dass *«diejenigen, die Dokumente schreiben, dies entweder nach dem Recht der Langobarden tun sollten, das sehr klar und fast jedem bekannt ist, oder nach [dem Recht] der Römer»* (*LL XV,91*). In der Forschung ist teilweise angenommen worden, Liutprand habe territorial gültiges Recht schaffen wollen. Doch wurden diese Normen unter Beibehaltung der ethnisch definierten Rechtsgrenzen verfügt. Dazu steht nicht in Widerspruch, dass es an vielen Stellen zur Beeinflussung des langobardischen durch andere Rechtskulturen kam – etwa in der Ausdehnung des Inzestverbots auf die Verwandten des Taufpaten (*LL XI,33–34*). Aber gerade Familien-, Erb- und Eherecht waren Materien, in denen bei der Rechtsanpassung äußerst behutsam vorzugehen war. Das langobardische Recht, das König Liutprand novellierte, schwankte charakteristisch zwischen flexibler Übernahme einzelner Elemente des kirchlichen und römischen Rechts und der ostentativen Betonung des genuin langobardischen Gesamtcharakters der Rechtskultur.

Königliche Wirtschaftspolitik: Po-Handel, Münzwesen, Krongüter und Bauhandwerk

Unter Liutprand lassen sich Umrisse einer langobardischen Wirtschaftspolitik erkennen. Seit dem um 678 geschlossenen Friedensvertrag mit Konstantinopel stand die wichtigste Wasserstraße für den Handel mit den Städten Oberitaliens bis zur Küste offen. Römische Fernhändler erhielten über den Po und dessen Nebenflüsse Zugang nach Oberitalien, während damals bei den Langobarden eine Gruppe von Fernhändlern entstand, deren Existenzgrundlage zunehmend Gewinne von Handelsaktivitäten bildeten. Liutprand erteilte Konzessionen für zwei Gemeinden an der Küste des adriatischen Meeres, die unter römischer Herrschaft standen: Comacchio, im südlichen Po-Delta in einer Lagunenlandschaft gelegen, wo ein schiffbarer Arm des Flusses in das adriatische Meer mündet, sowie Venedig, dem auf den Inseln der weiter nördlich gelegenen Lagune errichteten Handels- und Militärstützpunkt. In den Konzessionen wurden die Bedingungen fixiert, unter denen Venezianer und Comacchiesen auf dem Po Schifffahrt betreiben durften, wofür sie Zölle und Abgaben zu entrichten hatten. Die Bestimmungen für Comacchio von 715 (*PC S. 123 f.*) erwähnen neben den Bewohnern der Stadt als weitere Adressaten den oströmischen Heermeister (*magister militum*), zwei Grafen (*comites*) sowie einen ortsansässigen Priester. Am Po gab es Zollstätten in Mantua, Capo Mincio, Brescia (das an einem Nebenfluss einen eigenen Fernhafen unterhielt), Parma, Cremona, ferner an der Mündung der Adda in den Po sowie in Piacenza, von wo aus der Schiffsverkehr über den Lambro nach Mailand verlief. Die Königsstadt Pavia, über den Ticinus zu Schiff nur fünf Kilometer vom Po entfernt, bildete dabei offenbar den letzten und wichtigsten Stapelplatz des gesamten Po-Handels. An den Zollstätten war von den Händlern eine *ripaticum* genannte Abgabe zu entrichten, die ungefähr ein Zehntel der Fracht bemaß, eine Anlegegebühr sowie eine Naturalabgabe zur Verpflegung von zwei bis vier in den Häfen stationierten königlichen Zollfunktionären; beim Hinauffahren in die Nebenflüsse des Po wurde eine weitere Abgabe (*transitura*) fällig. Die Abgaben wurden in je ortsabhängigen Formen entrichtet, mal in Geld, mal in Öl oder auch in Würzsoße auf Fischbasis (*garum*) und Pfeffer – vor allem aber in Gestalt von Salz, denn in der Nähe der Hafenstadt Comacchio lagen ausgedehnte Salinen. Daneben wurden aus dem Orient stammende Stoffe und Gewänder sowie Gewürze nach Oberitalien eingeführt. Jüngste archäologische Ausgrabungen zeigten, wie Comacchio zwischen dem späteren 6. und 8. Jahrhundert kontinuierlich als Siedlung und Handelsstützpunkt wuchs, bevor es gegenüber dem rasch expandierenden Venedig an Bedeutung einbüßte. Die rekonstruierten Hafenanlagen, Lagerhäuser, Werkstätten und Fischereien zeigen einen wichtigen Umschlagplatz (Emporium) zwischen dem östlichen Mittelmeer und den Städten Oberitaliens; neuartige kugelförmige Amphoren waren wesentlich leichter als die traditionellen Behältnisse und daher auch auf kleineren Schiffen transportierbar. Obwohl das dreißig Kilometer weiter südlich gelegene Ravenna eine gewisse Kontrolle über Comacchio ausübte, erkannte Liutprand durch sein Privileg die Einwohner des in fremdem Gebiet gelegenen Comacchio erstmals als rechtsfähige Kommunität an und nahm damit für sein Gebiet Rechte in Anspruch, die zuvor dem römischen Kaiser zugestanden hatten. Dies bescherte dem Königtum beträchtliche Einnahmen in Form von Zolleinkünften.

Auch die königliche Münzprägepolitik war in diesem Zusammenhang wichtig. Ungeachtet aller politischen Zerwürfnisse mit den römischen Teilen Italiens blieb das Langobardenreich mit seiner Ökonomie weiterhin Teil eines einheitlichen Währungsraumes. Im Unterschied zu den Franken, die um 670 die Prägung von Goldmünzen aufgaben, haben die Langobarden bis kurz vor Ende ihrer Herrschaft kontinuierlich Goldmünzen (in Form von Tremissen, d.h. Drittel*solidi*) geprägt und unter Perctarit auch eine Silberprägung eingeführt. Die langobardischen Goldemissionen hatten unter Cunincperht noch einen Feingehalt von über 90%, was den ravennatischen Goldprägungen entsprach. Freilich verloren sie unter der langen Herrschaft Liutprands erheblich an Gewicht, und ihr Goldfeingehalt sank in zwei Schritten auf zunächst 70% und später auf 50%. Die Umwandelbarkeit von wirtschaftlichen Gewinnen in den Goldstandard war außer für den Handel auch für das langobardische «Fiskalsystem» mit seiner modifizierten Fortführung der römischen Besteuerungspraxis wichtig, ebenso für eine gewinnorientierte Verwaltung der Krongüter.

In der Verwaltung königlicher Güter und Höfe (*curtes regiae*), die in den Händen zumeist stadtansässiger Gastalden lag, suchte Liutprand Veruntreuung und Entfremdung zu unterbinden (*LL XII,59*) und den rechtlichen Erwerb solcher Güter auf dem Wege der Verjährung bzw. Ersitzung zu erschweren (*LL XIV,78*). 733 erließ er eine generelle *«Verordnung über die Gutsverwalter des Königs»* (*Notitia de actoribus regis*), in der er allen Gutsverwaltern die Ableistung eines entsprechenden Amtseides vorschrieb. Häufig kam es zu gewalttätigen Übergriffen von Heermännern (*arimanni*) auf königliche Güter, die zu ahnden aber die Macht der Verwalter überstieg und für deren Sühne die Zahlung von Wergeldern nötig wurde. Das königliche Gericht behielt sich daher die Sanktionierung solcher Vergehen vor. Und schließlich ordnete der König an, Listen bzw. Inventare (*brevia*) sämtlicher Königshöfe und der zu ihnen gehörigen Güter anzulegen. Die Verordnung wurde damit auch zu einem Dokument nachhaltiger königlicher Fiskalgutverwaltung.

Ökonomisches Planen verrät schließlich auch ein *«Merkbuch über die Löhne der Comaschi»* (*Memoratorium de mercedibus Comacinorum*), das teils König Grimoald, teils Liutprand zugeschrieben wird. Es fixierte die Basislöhne qualifizierter Bauhandwerker für den Haus- und Mauerbau, jeweils basierend auf der Anzahl verwendeter Ziegelsteine bzw. der Stärke der Mauern. Für das Weißeln von Mauern und die Anfertigung von Bohlendächern, Bögen und Gewölben wurden besondere Tarife hinzugefügt, weiterhin zur Verköstigung der Bauarbeiter. Die Kosten für Bauholz, Dachmaterialien und Marmorarbeiten wurden dabei ebenso fixiert wie für den Einbau von Fenstern, Kaminen, Kachelöfen und Brunnen. Der Text, ein Reflex intensiver Bautätigkeit, erinnert in seiner Intention, durch standardisierte Tarife einer Kostenexplosion entgegenzuwirken, an römische Höchstpreisedikte, und in der Behandlung der Bauhandwerker als Genossenschaften an die bereits von Rothari (*ER 144–145*) aufgegriffene Organisation römischer Handwerkerkollegien. Doch waren die Bestimmungen sehr spezifisch auf die oberitalienischen Verhältnisse zugeschnitten. Das Merkbuch bezog sich auf die Baumeister aus der Gegend am Comer See, die sog. «Comasker Meister» (*magistri Comacini*), welche für ihre architektonischen Bauten und Steinmetzarbeiten berühmt waren und deren Dienste auch außerhalb ihrer Heimat gefragt waren, nicht zuletzt in der Hauptstadt Pavia. Der langobardenzeitliche Baustil mit seinen charakteristischen Band- und Flechtornamenten auf Marmor wird mit dem Wirken dieser «Meister vom Comer See» in Verbindung gebracht.

Langobarden, Bayern und Franken: Der Wandel der nordalpinen Konstellation

Im Laufe der Regierungszeit Liutprands änderten sich auch die politischen Bündniskonstellationen nördlich der Alpen. Wie viele seiner Vorgänger war auch Liutprand zunächst eng mit Bayern verbunden. Dorthin war er seinem geflüchteten Vater Ansprand ins Exil gefolgt, von dort war er mit militärischer Unterstützung des agilolfingischen Bayernherzogs Theodo II. und dessen Sohnes Theodebert nach Pavia zurückgekehrt und König geworden. Die Kontakte blieben auch in den folgenden Jahren eng. 715 unternahm Theodo II. eine Reise nach Rom, um dort nach der Ermordung des in Bayern tätigen Missionars Emmeram Buße zu tun und um sich von Papst Gregor II. Pläne für die Errichtung einer bayerischen Kirchenprovinz mit mehreren Bistümern genehmigen zu lassen. Auf dem Weg dorthin verweilte er in Pavia, wo er seine Tochter Guntrud mit König Liutprand verheiratete. Auch der hl. Corbinian, der Überlieferung zufolge Gründer des Bistums Freising, soll auf zwei von Bayern aus unternommenen Romreisen in Pavia Station gemacht haben, wo er vom Langobardenkönig höchst ehrenvoll empfangen wurde. Doch als Theodo II. kurze Zeit darauf (717/18) starb und das Herzogtum unter seinen vier Söhnen aufgeteilt wurde, griff sein Schwiegersohn Liutprand in die aufflammenden Streitigkeiten um Theodos Nachfolge im Herzogsamt zugunsten von Theodebert ein. Bald darauf äußerte Corbinian kirchenrechtliche Kritik an der inzestuösen Ehe des anderen Theodo-Sohns Grimoald mit seiner Frau Pilichild (*Arbeo, V. Corbiniani cc. 16, 23, 33, 37–38*).

Die bayerisch-langobardische Verbindung war nicht zuletzt gegen den fränkischen Hausmeier Pippin den Mittleren gerichtet gewesen, bei dem nach dem langobardischen Thronwechsel von 712 der Bruder König Ariperts II. Zuflucht genommen hatte. Nach 714 tobten blutige Machtkämpfe im Frankenreich, aus denen 718 der Hausmeier Karl Martell als Sieger hervorging. Ihm gelang durch Stützung von Liutprands bayerischem Schwager Theudebert die Beziehung des fränkischen Hofes zum Königshof in Pavia zu entspannen und schrittweise freundschaftliche Beziehungen aufzubauen. Als Karl Martell sich ab etwa 725 gegen den Bayernherzog Grimoald wandte, um dessen Teil von Bayern der fränkischen Oberherrschaft zu unterwerfen, gab es keinen Widerstand der «neutralisierten» Langobarden. Im Gegenteil, Liutprand nutzte dies, um im heutigen Südtirol (Meran) gelegene Alpentäler auf Kosten der Bayern seinem eigenen Territorium einzuverleiben. Als Karl Martell zudem die Ehe mit Swanahild schloss – einer Agilolfingerin, die zugleich Nichte der langobardischen Königin Guntrud war und die er beim Bayernfeldzug geraubt hatte –, konnte er auf diese Weise das diplomatische Kunststück vollenden, Bayern und Langobarden einander zu entfremden.

Folgerichtig kam es nun zu einer Intensivierung der fränkisch-langobardischen Beziehungen. 737 schlossen Liutprand und Karl Martell ein Bündnis, indem sie ein eigenartiges Ritual vollzogen: «*Etwa um diese Zeit schickte Karl, der Hausmeier der Franken, seinen Sohn Pippin zu Liutprand, dass dieser, der Sitte entsprechend, sein Haar entgegennehme. Durch das Scheren des Haupthaares wurde Liutprand sein Vater, und er entließ ihn mit vielen königlichen Geschenken wieder nach Hause zu seinem leiblichen Vater*» (*HL VI,53*). Pippin, der Sohn des fränkischen Hausmeiers, wurde demnach zu einer Art Adoptivsohn des Langobardenkönigs. Dieser Brauch folgte offenbar einem römischen Ritual der Mündigmachung; früher schon hatte ein Ravennater Exarch auf diese Weise einen langobardischen Herzog zu adoptieren versucht (*HL IV,38*). Doch was war der genaue Sinn dieser Verbindung? Zu diesem Zeitpunkt gab es im Frankenreich keinen merowingischen König. Möglicherweise suchte Karl Martell, der de facto wie ein König regierte, seinen zweiten Sohn Pippin durch die langobardische Adoption zu einem «Königssohn» aufzubauen, damit er die Merowinger beerben könnte. Doch welches Interesse verfolgte der langobardische König? Liutprand war damals kinderlos, so dass er auf diese Weise versucht haben könnten, die langobardische Thronfolge zu regeln oder sogar die Nachfolge im Herzogtum Bayern. Eine ansprechende These geht jedoch dahin, dass Liutprand nicht, wie von Paulus Diaconus behauptet, Pippin adoptiert habe, sondern Karl Martells Sohn Grifo aus dessen zweiter Ehe mit der erwähnten Swanahild, was mit Blick auf Bayern Sinn ergeben würde. Jedenfalls zog Liutprand aus dem Bündnis die Konsequenz, im folgenden Jahr (738) mit einem großen Heer die Westalpen zu überqueren und Karl Martell in der Provence dabei zu helfen, eingefallene Sarazenen von dort zu vertreiben (*HL VI,54*).

Der vermehrte fränkische Einfluss auf die langobardisch-bayerischen Beziehungen wird schließlich auch am Wirken des Winfrid-Bonifatius deutlich, des angelsächsischen Kirchenreformers in fränkischen Diensten. Auf dem Rückweg seiner zweiten Romreise (737/738) suchte er in Pavia König Liutprand auf, bevor er in Bayern, den alten Plan Theodos aufgreifend, vier neue Bistümer gründete, darunter Freising (*Willibald, V. Bonifatii* 5 u. 7). Die Garantiemacht dieser Veränderungen bildeten jetzt vor allem die Franken.

Rom, die südlichen Herzogtümer und eine fränkische Absage

Aufgrund der Veränderungen nördlich der Alpen hatte Liutprand den Rücken frei für seine nach Süden ausgerichtete Politik. Als er im Jahr 739 ernsthaft erkrankte, erhoben die Langobarden seinen Neffen Hildebrand zum (Mit-)König. Zeitgleich rebellierte der Herzog von Spoleto, Transamund II. (718–745), gegen den König und fand beim Herzog von Benevent Unterstützung, der sich in diesem Konflikt wiederum mit dem Kaiser in Konstantinopel in Einklang wusste. Dem genesenen Liutprand gelang es, die Erhebung zu unterdrücken und seine Neffen als Herzöge in Spoleto und auch in Benevent einzusetzen. Das von König Grimoald etablierte Modell, die beiden südlichen Herzogtümer im Wege der Familienherrschaft an das Königtum in Pavia zu binden, praktizierte er also in der nepotistischen Spielart. Freilich suchten die beiden abgesetzten Herzöge daraufhin Zuflucht bei Papst Gregor III. in Rom, was Liutprand Anlass gab, nun mit einem großen Heer nach Süden zu ziehen. In dieser Situation, als Liutprand bereits einige Orte erobert hatte und vor den Toren Roms stand, richtete Papst Gregor (739/740) auf dem Seeweg zwei Gesuche um militärische Hilfe an den fränkischen Hausmeier Karl Martell, mit dem er zuvor bereits in Fragen der nordalpinen Kirchenreorganisation kooperiert hatte. Die päpstlichen Gesandten überbrachten dem Hausmeier die Schlüssel zum Petrusgrab und stellten ihm eine Abwendung Roms von Konstantinopel und die Hinwendung zu den Franken als neuen Beschützern Roms in Aussicht (*CF 22*). Den Langobardenkönig und dessen Neffen Hildebrand diffamierte der Papst in diesem Zusammenhang als Lügner und Häretiker, die mit Feuer und Schwert in der Umgebung Ravennas und Roms wüteten und dem heiligen Petrus größten Schaden zufügten (*CC 1* u. 2). Doch Karl Martell lehnte ab, schickte lediglich einige Gegengaben nach Rom. Eine Militärintervention in Italien lag ihm, der mit der Reintegration des Frankenreiches und der Sarazenenabwehr vollauf beschäftigt war, fern; vor allem aber fühlte er sich durch das kurz zuvor eingegangene Bündnis mit Liutprand verpflichtet, dem Langobardenkönig nicht in den Rücken zu fallen. Dennoch zeigt der Vorgang, wie nun die inneren Konflikte zwischen den langobardischen Herrschaften in Pavia, Spoleto und Benevent weit über Italien hinausreichende Dimensionen annehmen konnten.

Für Rom waren die Absage Karl Martells und die Kontrolle

Liutprands über die Herzogtümer von Spoleto und Benevent Grund, nun in Verhandlungen mit Liutprand einzutreten. Im Gebiet des Herzogtums Spoleto kam es 741/42 zu einem ersten Treffen des neuen Papstes Zacharias (741–752) mit Liutprand, der die Rückgabe der eroberten Städte und früher eroberter Territorien an St. Peter zusicherte und einen zwanzigjährigen Frieden mit Rom abschloss. Weiterhin versprach er die Rückgabe aller Kriegsgefangenen, was ein Schlaglicht auf seine Art der Kriegführung wirft. Bald darauf zog Papst Zacharias von königlichen Funktionären eskortiert durch das toskanische Herzogtum, um in dessen Süden die Rückgabe mehrerer Städte zu erwirken. Bei einer zweiten Reise 742/43, als Liutprand Ravenna belagerte, soll es dem Papst gelungen sein, einen Frieden zwischen dem Langobardenkönig und dem Exarchen auszuhandeln. Von dort reiste der Papst durch das langobardische Gebiet nach Pavia, wo er in der Kirche des von Liutprand errichteten Klosters San Pietro in Ciel d'Oro zweimal die Messe zelebrierte. Nach einem ehrenvollen Empfang im königlichen Palast versicherte Liutprand auf Bitten des Papstes, auch die eroberten Städte im Gebiet von Ravenna zurückzugeben (*LP Zach.* 2–17). Bald darauf, im Januar 744, verstarb Liutprand im Alter von etwa 45 Jahren. Er wurde, wie sein Vater Ansprand, in der Adrianskirche in Pavia beigesetzt (*HL VI,58*). Erst im Hochmittelalter wurden seine sterblichen Überreste nach San Pietro in Ciel d'Oro überführt, wo sie sich noch heute befinden. Die schon um 600 bezeugte Peterskirche, in der neben Augustinus von Hippo auch der – als christlicher Märtyrer verehrte – römische Politiker und Literat Boethius (gest. um 525) seine letzte Ruhe fand, hatte Liutprand unter Hinzufügung eines Klosters prachtvoll ausstatten lassen. Dante, Petrarca und Boccaccio haben sie später voller Bewunderung gepriesen. Eine 2018 dort durchgeführte archäogenetische Untersuchung des Liutprandgrabes erbrachte den Nachweis, dass ein Teil der Gebeine ins 8. Jahrhundert datiert und einem mittelalten Mann gehört haben dürfte.

7. Ein triumphaler Erfolg als Wendepunkt in der langobardischen Geschichte

Mit dem Tod König Liutprands versiegt unsere Hauptquelle, die «Geschichte der Langobarden» (*HL*) des Paulus Diaconus. Die Überlieferung verschiebt sich nun schrittweise hin zu Quellenzeugnissen, die den Langobarden weitaus feindlicher gesinnt waren. Die materielle Hinterlassenschaft bietet in dieser Hinsicht immerhin ein Gegengewicht.

Ratchis und Aistulf, zwei königliche Brüder aus Friaul (744–757)

Nach Liutprands Tod schien sich die Geschichte früherer Thronwechsel zu wiederholen: Sein Neffe und Mitkönig Hildebrand vermochte nicht einmal ein Jahr seine Position zu behaupten und diejenigen, die die königliche Gewalt für sich usurpierten, verloren zunächst die Kontrolle über die südlichen Herzogtümer Spoleto und Benevent. Der Usurpator kam erneut aus den Reihen der Herzöge: Ratchis war seit 737 Herzog von Friaul gewesen. Sein Vater Pemmo, der bereits diese Würde innehatte, war zuvor bei König Liutprand in Ungnade gefallen, aber anschließend begnadigt worden. Doch ging dieser Rang an seinen Sohn Ratchis über. Ratchis und sein jüngerer Bruder Aistulf sind danach als hohe Militärs im Heer Liutprands bezeugt, als dieser 742 gegen das Herzogtum Spoleto vorging. Ende 744 riss Ratchis die Macht an sich, indem er sich von loyalen Unterstützern zum König erheben ließ; sein Bruder Aistulf folgte ihm nach als Herzog von Friaul. Pavia blieb weiterhin königliche Hauptresidenz, doch verlagerte sich das politische Machtzentrum des Langobardenreiches nun stärker in den Nordosten Oberitaliens, wo das Herzogtum Friaul mit seinem Hauptsitz in Cividale schon immer eine wichtige Rolle gespielt und wo das regionale Eigenständigkeitsbewusstsein seit dem 7. Jahrhundert auch in der Begriffsschöpfung «Austrien» («Ostreich») seinen Ausdruck gefunden hatte.

Relikte der langobardischen Herrschaft im heutigen Cividale, die zum UNESCO-Welterbe gehören, spiegeln die einstige Bedeutung der Stadt als Hauptsitz des Herzogtums und als temporärer Aufenthaltsort der Könige Ratchis und Aistulf. Die im Osten gelegene repräsentative «Gastaldaga» vermittelt einen Eindruck davon, dass ein Gastalde als stadtansässiger Verwalter der königlichen Güter mit administrativen, jurisdiktionellen und militärischen Funktionen ein mächtiger Mann gewesen sein muss. In diesen Baukomplex wurde aufgrund der Anwesenheit der Könige unter Ratchis und Aistulf auch eine ursprünglich freistehende, zweigeschossige Palastkapelle («Tempietto», Oratorium Santa Maria in Valle) eingebaut. Von ihr sind noch heute erhebliche Teile der reichen Marmoraustattung sowie zahlreiche Fresken und figürliche Darstellungen erhalten, unter ihnen ein Fresko mit dem jugendlichen Christus, den Erzengeln Michael und Gabriel, der Gottesmutter sowie mehreren Soldatenheiligen. Diese Gebäude, die später durch das Kloster Santa Maria in Valle umfasst wurden, lassen erkennen, wie in Cividale neben der herzoglichen auch eine königliche Tradition der Repräsentation gepflegt wurde.

Einen Gegenpol dazu bildete die unmittelbar daneben liegende Residenz des Patriarchen von Aquileia mit der Kathedralkirche Santa Maria Assunta. Der Patriarch war erst unter König Liutprand nach Cividale umgezogen, und der Vater von Ratchis und Aistulf, Herzog Pemmo von Friaul, war wegen der Gefangennahme des Patriarchen Callixtus (737–757) beim König in Ungnade gefallen. Die Marienkirche, auf Grund von Brand und Zerstörung heute nurmehr in einem spätmittelalterlichen Neubau erhalten, war eine von Callixtus in Auftrag gegebene Säulenbasilika. Auf seine Stiftung geht auch ein Johannes dem Täufer gewidmetes achteckiges Taufbecken zurück, das sich ursprünglich in einem Baptisterium der Marienkirche befand. Es ist von acht Marmorbögen überwölbt, auf denen ein einst von einem Dach abgeschlossenes Ziborium (kunstvoller Überbau) ruht, das mit Pflanzen- und Tiermotiven verziert ist. Dagegen enthält der für dasselbe Gebäude bestimmte marmorne, mit Edelsteinen verzierte Altar des Ratchis zahlreiche Bildmotive aus dem Leben Christi; eine Aussparung auf der Rückseite war für die Aufnahme eines Reliquienbehälters bestimmt. Ratchis hatte den Altar, wie eine Weihinschrift zeigt, zur Erinnerung an seinen Vater Pemmo gestiftet. Hohe Kunstfertigkeit und Verwendung kostbarster Baumaterialen kennzeichnen durchgehend Gebäude und Ausstattung. Künstler wie Modelle scheinen dabei auf den Einfluss Ravennas zu verweisen.

Auch als Rechtsreformer ist Ratchis hervorgetreten. Bereits in seinem zweiten Regierungsjahr (746) verfügte er Maßnahmen zur Verbesserung der Justiz, über die er zuvor mit seinen Richtern aus Austrien und Neustrien sowie aus dem Herzogtum Toskana beraten hatte. Neue Regelungen zur Beglaubigung von Verträgen und zum Beweisrecht sollten den Gebrauch des Eides eindämmen, da beim Schwören allzu viele Menschen mehr an ihren irdischen Gewinn als an ihr Seelenheil dächten (*LR 2*). Im Falle richterlicher Rechtsverweigerung wurde den Heermännern (*arimanni*) gestattet, sich direkt an das Königsgericht zu wenden (*LR 1*). Eine im selben Jahr 746 getroffene Regelung atmet noch deutlicher den Geist der Situation, in der sie erlassen wurde: Richtern und überhaupt jedermann wurde unter Androhung von Todesstrafe und Vermögenskonfiskation untersagt, ohne Befehl des Königs Boten nach Rom, Ravenna, Spoleto, Benevent, ins Frankenreich, nach Bayern, Alemannien, Rätien oder ins Awarenreich zu entsenden (*LR 9*). Rechtlich anknüpfend an Rotharis Hoch- und Landesverratsgesetz (*ER 1*), zeigt die Nennung der südlichen Herzogtümer der Langobarden, dass Ratchis sich nicht nur von römischen und fränkischen Feinden umzingelt sah. Aufschlussreich ist in diesem Zusammenhang auch eine im selben Jahr erlassene Vorschrift (*LR 13*), welche den Grenzübertritt ins Langobardenreich über die Alpen und über den Apennin in die Toskana regelte. Eine Person durfte das Land nur mit königlichem Siegelbrief verlassen. Nach Rom reisende Pilger sollten von den Grenzbeamten verhört und ggf. visitiert werden, woraufhin ihnen ein gesiegeltes

Passierschreiben auszustellen war. Am Briefverkehr zwischen Rom und dem Frankenreich, für diese Jahre deutlich an den Briefen des Bonifatius ablesbar, wird erkennbar, dass sich hinter «frommen Pilgern» durchaus bedeutende Kirchenpolitiker verbergen konnten. Die Besorgnis über reisende Fremde muss am Hof groß gewesen sein, ist doch in anderen Erlassen von der Furcht vor Verschwörungen und Aufruhr die Rede, ja sogar von Versuchen, die Geheimnisse des königlichen Hoflebens in Pavia auszukundschaften (*LR 12*).

Aus diesen Texten ergibt sich ein Bedrohungsszenario, das zu meistern viele Langobarden Ratchis, der eine stadtrömische Senatorentochter namens Tassia geheiratet hatte, offenbar nicht zutrauten. Als er im Jahr 749 einen geplanten Feldzug gegen das Exarchat absagen ließ, erhoben seine Gegner in der Mailänder Ambrosiusbasilika seinen Bruder Aistulf zum neuen König. Ratchis wurde in Pavia zur Abdankung gezwungen und daraufhin in den Mönchsstand versetzt. Er zog sich in das Kloster Montecassino zurück; seine Frau und Tochter gingen in ein von ihnen gegründetes Frauenkloster.

Das Ende des Exarchats von Ravenna (751)

Aistulf nahm, wie offenbar von ihm erwartet, als König die aggressive Politik Liutprands gegenüber dem Exarchat wieder auf. Dazu erließ er 750 ein Heeresgesetz (*LA I,2*), das sich wie ein Plan für den bevorstehenden Großangriff auf Ravenna liest: Ein vermögensabhängiger Rekrutierungsmodus wurde bestimmt, wonach jeder, der im Besitz von vierzig Joch Land war, mit Pferd, Schild und Lanze in den Krieg ziehen sollte; wer ein Vermögen von sieben Gutshöfen (*casae massariciae*, «Hufen») mit zugehörigem Land hatte, sollte zu diesen noch zusätzlich einen Brustpanzer mitbringen, ggf. auch weitere Pferde usf.; diejenigen, die weniger Vermögen hatten, sollten neben ihrem Schild auch Köcher, Pfeile und Bogen dabeihaben. Der Erlass zeugt von der inneren sozialen Differenzierung unter den Langobarden, die seit der Eroberung Italiens eingetreten war. Zugleich erlaubte der allein auf das Vermögen zielende Berechnungsmodus, auch Nicht-Langobarden für das Heer zu rekrutieren. Auffälligerweise betonte Aistulf zu Beginn des Gesetzes, dass er im Namen Gottes nicht nur König der Langobarden, sondern ihm vom Herrn auch das Volk der Römer, der *populus Romanus*, übergeben worden sei. Zugleich wurden alle Kontakte in das Exarchat unterbunden und Händlern, die dagegen verstießen, schwerste Strafen angedroht. Aus dieser Zeit stammen auch mehrere letztwillige Verfügungen von Männern, die in den Krieg zogen und sich nicht sicher waren, wieder lebend in ihre Heimat zurückzukehren; dass ihre Testamente heute noch erhalten sind, spricht für die Berechtigung ihrer Sorge.

Wenige Wochen darauf begann Aistulf den großangelegten Feldzug, auf dem er sein Heer zunächst durch die Romagna direkt nach Ravenna führte. Die Eroberung der Kaiserstadt Ravenna gelang erstaunlich rasch, der altgediente Exarch Eutychios musste sich alsbald ergeben. Vom Kaiserpalast in Ravenna aus stellte Aistulf am 4. Juli 751 ein Privileg für das Kloster Farfa aus und empfing dort demonstrativ Gesandtschaften. Eine bronzene Reiterstatue des Ostgotenkönigs Theoderich ließ Aistulf von Ravenna nach Pavia verbringen, wo sie vor dem Palasttor als Standbild des «Sonnenkönigs» (Regisole) glänzte. In Ravenna prägte die örtliche Münzstätte Emissionen mit der Umschrift *«König Aistulf, unser Herr»* (*dominus noster Aistulfus rex*). Bald darauf kamen auch Comacchio und Ferrara unter langobardische Kontrolle sowie die an der Adria gelegenen Städte der Pentapolis. In dieser Situation richtete sich Aistulfs Blick nach Rom. Im März 752 war dort mit Stephan II. (752–747) ein neuer Pontifex gewählt worden, der sich als äußerst gewiefter Diplomat erweisen sollte. Im Juni 752 befand sich Aistulf vor Rom und setzte den Papst unter Druck, indem er von den Bewohnern Roms in Anerkennung der langobardischen Herrschaft die Zahlung einer jährlichen Steuer verlangte; später suchte er die Stadt von der Versorgung abzuschneiden. Es kam zu langwierigen Verhandlungen zwischen dem Langobardenkönig und dem Papst, wie die päpstliche Überlieferung minutiös belegt. Doch fällt es schwer einzuschätzen, ab wann Aistulf bemerkte, dass trotz seines Triumphs über Ravenna die Zeit gegen ihn zu arbeiten begann. Mitte 752 hatte der Papst bereits ein Hilfegesuch nach Konstantinopel geschickt, welches jedoch abschlägig behandelt wurde (*LP V. Stephani II, 9*). Die militärischen und finanziellen Mittel Konstantinopels waren im Osten gebunden, wo man in den Kämpfen gegen das Kalifat von der blutigen Machtergreifung der Abbasiden (750) zu profitieren suchte. Allerdings forderte Kaiser Konstantin V. den Papst dazu auf, nach Pavia zu gehen, um dort mit dem Langobardenkönig über die Rückgabe Ravennas zu verhandeln. Der Papst wollte sich diesem Ansinnen nicht widersetzen, zumal er parallel auch Kontakte zu den Franken geknüpft hatte. Am 14. Oktober 753 reiste er mit Gefolge, begleitet von einem Unterhändler (*silentarius*) aus Ostrom, beschützt von einem fränkischen Herzog und beraten von dem fränkischen Bischof Chrodegang von Metz, nach Pavia. Äußerst geschickt fädelte er von dort eine Art «Selbsteinladung» ein, indem er über reisende Pilger eine geheime Botschaft an den Frankenkönig Pippin schickte, er möge ihn zu einem Besuch ins Frankenreich einladen und ihm den dafür notwendigen Personenschutz stellen. Trotz Bedenken ließ Aistulf, um die Franken nicht zu brüskieren, den Papst ins Frankenreich weiterreisen, während der oströmische Gesandte nach Konstantinopel zurückkehrte.

Die Entstehung des Kirchenstaates (754–757)

Nach einer winterlichen Alpenüberquerung traf der Papst im Januar 754 in Ponthion bei Paris zu ersten Verhandlungen König Pippin: «*Dort saßen sie in der Kapelle und bald bat der heiligste Papst den christlichsten König unter Tränen, dass er durch einen Bund des Friedens die Sache des heiligen Petrus und des römischen Gemeinwesens in Ordnung bringen möge. Und dieser tat dem heiligsten Papst sofort durch einen Eid Genüge, dass er allen Aufträgen und Ermahnungen des Papstes mit ganzer Kraft gehorchen werde und dass es sein Entschluss sei, ihm den Exarchat von Ravenna, das Eigentum des römischen Gemeinwesens und ihre Orte auf jede Weise zurückzugeben*» (*LP V. Stephani II, 26*). Zur Umsetzung dieser Zusage wurde gut drei Monate später in der fränkischen Pfalz Quierzy die sog. Pippinische Schenkung vollzogen. Im Juli 754 schließlich salbte der Papst in St. Denis Pippin und dessen Söhne Karlmann und Karl zu Königen, stützte damit die neue karolingische Dynastie und verlieh Pippin den Ehrentitel eines *patricius Romanorum*, der eine Schutzherrschaft über Rom implizierte.

Eine ungeheure diplomatische Dynamik war in Gang gekommen, die politische und kirchliche Angelegenheiten miteinander vermengte und den Langobardenkönig in die Defensive drängte. Die «Pippinische Schenkung», streng genommen eine vorgezogene Vereinbarung zur «Rückgabe» von Gebieten nach einem verabredeten Feldzug, sah vor, dass König Pippin nach dem erhofften Sieg gegen die Langobarden die dabei zu erobernde Hauptstadt Ravenna, die Pentapolis und eine Anzahl von Städten im südlichen Teil der Toskana in die Verfügungsgewalt des Papstes übertragen würde; spätere päpstliche Überlieferung nennt auch Korsika und Teile Venetiens und sogar Istrien als Gegenstand des Schenkungsversprechens. Eine Zerschlagung des Langobardenreiches war indes nicht intendiert.

König Pippin war seit 741 fränkischer Hausmeier am merowingischen Königshof gewesen. In königsgleicher Stellung hatte er das Frankenreich in den 740er Jahren regiert, und dabei mit dem Papst, nicht zuletzt über das Wirken des Kirchenorganisators Bonifatius, enge Kontakte gepflegt, bevor 750 der Griff nach der fränkischen Königsmacht erfolgte: Die Franken setzten den merowingischen König Childerich III. ab, tonsurierten ihn und wiesen ihn in Klosterhaft ein; an seiner Statt erhoben sie Pippin aus der Familie der Karolinger zu ihrem neuen König. Die höchst legitimationsbedürftige Herrschaftsusurpation wurde alsbald von Papst Zacharias gutgeheißen, und so war es in gewisser Weise folgerichtig, dass Pippin seinerseits nun dem unter Druck geratenen Papsttum seine militärische Unterstützung gegen die Langobarden nicht versagen wollte.

Doch wäre es falsch, in der Pippinischen Schenkung einen bilateralen Vertrag zu sehen, denn eigentlich verfügte Pippin ja über etwas, was ihm gar nicht gehörte. Manche der zu übergebenden Städte gehörten dem Papst, doch letztlich war, wenn dieser mit den Franken als Garantiemacht in die weltlichen Rechte des Kaisers in Ravenna einzutreten beabsichtigte, eine rechtswirksame «Abtretung» des Exarchats an den Papst nur durch Konstantinopel möglich. Schon an der päpstlichen Reise nach Pavia hatte ein Unterhändler aus Konstantinopel teilgenommen; zu denken gibt außerdem, dass der Papst den *patricius Romanorum*-Titel an Pippin eigentlich nur aus kaiserlicher Autorisierung verleihen konnte. Kaiser Konstantin V. scheint in diesem Zusammenhang auch Briefe an den Papst und an König Pippin geschickt zu haben. In einem wesentlichen Teil dessen, was er im Frankenreich aushandelte, agierte der Papst demnach offenbar mit ausdrücklicher Billigung Konstantinopels – was ihn jedoch nicht davon abhielt, ebenso seine genuin päpstlichen Interessen zu verfolgen. Doch welchen Vorteil glaubte Ostrom aus der päpstlich-fränkischen Vereinbarung ziehen zu können? Wahrscheinlich wurden in diesem Zusammenhang, als eine Art «quid pro quo», die umfangreichen päpstlichen Besitzungen in Süditalien und auf Sizilien in die Verfügungsgewalt des Kaisers übertragen. Konstantinopel ließ sich offenbar auf dieses päpstlich-fränkische Spiel ein, weil der Kaiser beabsichtigte, sich fortan auf Süditalien zu konzentrieren, jedoch mit Hilfe des Papstes auch im Norden noch einen Fuß in der Tür zu behalten. Die Franken als Garantiemacht zu akzeptieren war man dafür in Kauf zu nehmen bereit.

Doch in keinem Fall verhießen diese Absprachen etwas Gutes für den Langobardenkönig Aistulf. Im Juni 754 ordnete er die allgemeine Mobilmachung an, doch verging der Winter, bevor Pippin seinerseits die fränkischen Truppen sammeln konnte. Mit dem Argument, dem hl. Peter nicht seine Hilfe versagen zu können, hatte er sich dabei über Bedenken seiner fränkischen Berater hinwegsetzen können. Er wählte den Weg über den Mont Cenis, um die Alpen zu überqueren, doch bereits bei Maurienne erwartete die Vorhut der Franken ein langobardisches Aufgebot. Trotz zahlenmäßiger Unterlegenheit blieben die Franken siegreich. Die Langobarden mussten nach hartem Kampf ihr Heil in ungeordneter Flucht suchen, wobei sie eine große Zahl von Gefallenen zurückließen. Aistulf selbst gelang es, mit einigen seiner Männer in abenteuerlicher Flucht unbewaffnet Pavia zu erreichen und sich dort zu verbarrikadieren. Die Franken zogen daraufhin plündernd und sengend durch die Poebene, während Pippin mit dem Großteil seiner Armee Pavia belagerte. Zwei Monate nach Beginn der Kämpfe kam es zum Abschluss eines schriftlichen und beeideten Friedensvertrages, durch den Aistulf in aussichtslos erscheinender Lage die Erstürmung Pavias abwenden konnte. Pippin habe damals Aistulf «*das Leben und das Königreich geschenkt*», sollte ein fränkischer Chronist dazu festhalten (*CF 37*). Tatsächlich zeigt das Eingreifen der Franken in Italien wie auch ihr baldiger Abzug nach Erledigung ihrer Mission, dass Pippin sich vor allem darauf konzentrierte, die ihm zugedachte Aufgabe zu lösen; an einer fränkischen Invasion Italiens mit dem Ziel einer dauerhaften «Landnahme» war er nicht interessiert. Ähnlich sah es die päpstliche Seite: «*Römer, Franken und Langobarden schlossen einen schriftlich abgefassten Vertrag. Der König der Franken führte die Geiseln der Langobarden fort und Aistulf selbst band sich mit allen seinen Amtsträgern durch einen schrecklichen und verpflichtungsvollen Eid. In dem Vertrag bekräftigte er durch eine geschriebene Urkunde, dass er die Stadt Ravenna mit verschiedenen Städten herausgeben werde*» (*LP V. Stephani II, 35–37*). Die Schlüssel zur Stadt Ravenna wurden daraufhin symbolträchtig in der römischen Peterskirche deponiert und dem hl. Petrus als persönliches Eigentum übertragen. Nun übte in Ravenna, der Pentapolis und darüber hinaus Papst Stephan die Gerichtsbarkeit aus und traf, wie man in Ravenna später bemerkte, «*wie ein Exarch dort alle Anordnungen, wie es die Römer zu tun pflegen*» (*LPR 159*). Der Vollzug der Pippinischen Schenkung von 754 gilt, trotz mancher Vorstufen wie der erwähnten Schenkung von Sutri durch König Liutprand (728), als die eigentliche Geburtsstunde des Kirchenstaates, des sog. *Patrimonium Petri*. Es war dies ein Konglomerat von unterschiedlichen Besitztiteln und Städten in den Händen des Papstes, welches sich im Laufe der Zeit zu einem Territorium entwickelte und die politische Geographie Italiens mehr als ein Jahrtausend bestimmen sollte. Dauerhaft wurde mit ihr zugleich der Status des Frankenreiches bzw. der nordalpinen Herrscher als Garantiemacht für die päpstlichen Territorien in Italien festgeschrieben. Darin liegt auch die wichtigste strukturelle Voraussetzung der späteren Übertragung des Kaisertitels an die Frankenkönige durch den Papst.

Für die Langobarden war es umgekehrt ein schwerer Schlag, von dem sich ihr Reich kaum mehr zu erholen vermochte. Als König Pippin bald darauf ins Frankenreich zurückgekehrte, brach Aistulf sogleich die getroffenen Vereinbarungen und griff zu Jahresbeginn 756 erneut Rom an. Nach anderthalbmonatiger Belagerung schickte Papst Stephan Ende Februar erneut ein Hilfeersuchen an den Frankenkönig. Darin zeichnete er ein erschreckendes Bild der schlimmsten Gräueltaten, die das langobardische Heer vor den Toren der Stadt verübt haben soll: Plünderungen von Kirchen und Klöstern, Ermordung und Versklavung von Kriegsgefangenen, Vergewaltigung von Frauen, Entweihung von Märtyrergräbern u. a. m. (CC 9). Dies bewog Pippin zu einer neuerlichen Militärintervention, die wiederum siegreich für die Franken verlief. Abermals wurde Pavia belagert, und es folgte eine eidliche Erneuerung des Vertrages vom Vorjahr, diesmal jedoch um die Rückgabe zusätzlicher Städte erweitert. Kurze Zeit später fiel König Aistulf auf der Jagd vom Pferd und verstarb, was ein päpstlicher Chronist als Strafe Gottes deutete; eine Aistulf besser gesinnte Überlieferung behauptete hingegen, er sei friedlich in Gegenwart von Mönchen eingeschlafen. Sein in Klosterhaft verbannter älterer Bruder Ratchis versuchte daraufhin, noch einmal die Königswürde zu übernehmen, indem er das Kloster verließ. Doch vermochte er sich nicht durchzusetzen und verlor seinen Thron alsbald an den toskanischen Herzog Desiderius. Ratchis dankte ab und zog sich wiederum in das Kloster Montecassino zurück. Den universalen Anspruch des Papsttums und die sich daraus ergebenden Möglichkeiten, weit ausgreifende Bündnisse zu schmieden, hatten er und sein Bruder Aistulf vielleicht noch mehr unterschätzt als die militärische Stärke der Franken.

8. König Desiderius, die fränkische Invasion und das Ende des Langobardenreiches (757–788)

Die dramatischen Veränderungen setzten auch die langobardischen Eliten unter Druck. Im Jahr 754 wurde unweit von Volterra in der Toskana das Kloster Monteverdi gegründet (*BHL 8792*). Walfred, einer der drei Gründer und zugleich Abt der Kommunität, war ein entschiedener Gegner König Aistulfs gewesen. Auf dem Wege einer Klosterstiftung suchten er und seine Partner angesichts der Risiken der Zeit das eigene Vermögen in Sicherheit zu bringen. Eine Konsolidierung und zumindest zeitweise Zurückdrängung solchen Krisenbewusstseins gelang erst unter König Desiderius.

Regieren, Stiften und Verbünden in Krisenzeiten: Desiderius (757–774) und Ansa

Als erster Langobardenkönig, der einen römischen Namen trug, hatte Desiderius mit ähnlichen inneren Problemen zu kämpfen wie seine Vorgänger. Aus Brescia stammend, war er von König Aistulf zum Herzog der Toskana erhoben worden. Dass er aus dieser Position heraus, obwohl kein Herzogssohn, beim Tode Aistulfs nach der Macht greifen und sich 757 zum König krönen lassen konnte, verdankte Desiderius einem Bündnis mit dem Papst und den Franken, die ihn als «ihren» König aufzubauen und militärisch zu unterstützen suchten; dafür musste er jedoch die «Rückgabe» weiterer Städte in der Romagna (Bologna, Ferrara, Imola, Faenza) und in den Marken (Ancona, Osimo, Numana) an den Papst versprechen. Die Ausgangssituation für die Entfaltung einer eigenen Politik war damit schwierig, zumal, wie inzwischen bei jedem Dynastiewechsel, die Dukate Spoleto und Benevent zunächst wieder eigene Wege gingen. Doch vergrößerte Desiderius seine politischen Handlungsspielräume, indem er bereits im Jahr nach seiner Krönung militärisch in Spoleto intervenierte und den dortigen Herzog absetzen ließ. Der Herzog von Benevent ergriff im folgenden Jahr die Flucht ins oströmische Apulien, so dass Desiderius 759 dort Arichis II., wohl ein Spross einer älteren Linie der Herzöge von Benevent, als neuen Herzog einsetzen konnte und ihn nach dem bewährten Modell der Familienherrschaft sogleich mit seiner Tochter Adelperga vermählte. In der Absicht, eine neue Dynastie aufzubauen, ließ er im selben Jahr auch seinen Sohn Adelgis, bis dahin wohl Herzog von Brescia, zum Mitkönig erheben.

Hatten seine Amtsvorgänger ihre Heimatstadt Cividale ausgeschmückt, so verschönerte Desiderius seinen Herkunftsort Brescia mit repräsentativen Bauten. Das von ihm und seiner Frau Ansa gestiftete Frauenkloster San Salvatore / Santa Giulia war wohl bereits 753 gegründet worden, sein Ausbau zur Königsbasilika erfolgte erst nach 756. Aufschlussreich ist auch in diesem Falle die erneute Wahl des Salvator-Patroziniums in einer Zeit, als der Bilderstreit in Konstantinopel besonders heftig tobte. Die weiteren als Patrone ausgewählten Heiligen Peter und Michael verwiesen auf Rom und auf den langobardischen Kult des Erzengels am Monte Gargano. Die heilige Julia aus Karthago kam 762/63 dazu; ihre Reliquien waren von der toskanischen Insel Gorgona nach Brescia überführt und in einer ihr gewidmeten Kirche deponiert worden. Das Kloster war als dynastisches Projekt konzipiert und sollte auch als königliche Grablege dienen. Das Stifterpaar bestimmte seine älteste Tochter Anselperga zur Äbtissin, wenig später wurde das Kloster dem königlichen Schutz unterstellt. Künftige Äbtissinnen sollten stets aus der Frauengemeinschaft kommen, die der Papst dafür aus dem bischöflichen Diözesanverband herauslöste. Die Anzahl der Nonnen wurde auf 40 begrenzt; sie sollten für das Heil der Stifter beten. Grundbesitz und Reichtum des Klosters wuchsen rasch durch großzügig übertragene Besitzungen aus dem Eigengut der königlichen Familie, die teilweise in den Gebieten der Herzogtümer Toskana, Spoleto und Benevent lagen (*CDL 3, 1, Nr. 44*). Während das heute zu den langobardischen Welterbestätten zählende Kloster selbst im Laufe seiner Geschichte immer wieder erneuert wurde, verweist die dreischiffige Basilika San Salvatore mit ihrer ungewöhnlichen Hallenkrypta und den Überresten ihrer Fresken immer noch zurück in langobardische Zeit. Auch dort kam es zur Wiederverwendung antiker Baumaterialien; kunstvoll gestaltete Korbkapitelle stammen möglicherweise aus Ravenna, wo sie 751 erbeutet worden sein könnten.

Politisch zielte Desiderius vor allem darauf, das Langobardenreich nach dem Zusammenbruch des Exarchats durch Allianzen mit äußeren Mächten zu beruhigen. Von den Beschränkungen jener päpstlich-fränkischen Unterstützung, der er sein Königtum zu verdanken hatte, suchte er sich freizumachen, indem er Kontakte nach Konstantinopel zu Kaiser Konstantin V. knüpfte, um zusammen mit seinem Sohn Adelgis die Wiederherstellung der kaiserlichen Herrschaft in Italien zu erreichen. Würde es gelingen, dem Papst das Exarchat und die Pentapolis wieder zu entziehen, so die Überlegung, mochte dies den Franken ihr Interventionsinteresse in Italien nehmen. Der geplante Pakt gelangte jedoch nicht über das Verhandlungsstadium hinaus und erhöhte lediglich den Druck auf den zur gleichen Zeit mit ihm ins Amt gekommenen Papst Paul I. (757–767), der aus Sorge vor einem oströmischen Angriff gewisse Konzessionen einzugehen bereit war.

Ein Modell der «totalen Familie» sollte die Herrschaft des Desiderius fortan auch nach außen absichern. Nach der Eheschließung seiner Tochter Adelperga mit dem beneventanischen Herzog Arichis II. verheiratete Desiderius Mitte der 760er Jahre seine dritte Tochter Liutberga mit dem Bayernherzog Tassilo III., um die seit Liutprand abgerissene Verbindung nach Bayern zu erneuern; überdies war Tassilo ein Cousin des Frankenkönigs Karl («d. Großen»), zu dem er freilich ein gespanntes Verhältnis hatte. Karl soll sich im Jahr 770 mit einer vierten Tochter des Desiderius («Desiderata») vermählt haben, deren Namen unsere Quellen jedoch verschweigen. Für Papst Stephan III. (768–772) konnte der Plan eines fränkisch-langobardischen Ehebündnisses nur vom Teufel höchstpersönlich eingefädelt worden sein. Entrüstet verbot er den Frankenherrschern, *«auch nur davon zu reden, dass, was fern sei, Euer herrliches Volk der Franken, das über alle Völker erhaben ist, und ein so glänzender Spross königlichen Geschlechtes, besudelt werde durch das treulose und stinkende Volk der Langobarden, das nicht einmal unter die Völker gezählt werden kann, und aus dessen Volksstamm bestimmt die Leprakranken entsprungen sind!»* (CC 45). Wahrscheinlich hatte Karls Mutter, Pippins Ehefrau Bertrada, den Plan einer langobardisch-fränkischen Verbindung eingefädelt. Dafür musste sich Karl von seiner ersten Ehefrau Himiltrud trennen, von der er schon einen Sohn namens Pippin (genannt «der Bucklige») hatte. Allerdings ist auch vermutet worden, nicht Karl, sondern dessen Bruder Karlmann könnte die mysteriöse vierte Desiderius-Tochter geehelicht haben, so dass diese mit seiner Ehefrau Gerberga identisch wäre. Auch gab es den Plan, Adelgis, den einzigen Sohn des Desiderius, mit Gisela, einer Schwester Karls, zu verheiraten. Dazu kam es allerdings nicht. Bereits zum Jahresende 771 nahmen die Dinge eine dramatische Wendung, mit der der Frankenkönig Karl sich von den Plänen seiner Mutter emanzipierte. Als sein Bruder Karlmann im Alter von nur zwanzig Jahren starb, riss Karl dessen Reichsteil an sich und schob die Erbansprüche seiner Neffen beiseite; Karlmanns Witwe Gerberga flüchtete sich daraufhin mit ihren Söhnen zu (ihrem Vater?) Desiderius nach Italien. Der machte sich die Sache der Söhne Karlmanns zu eigen und drängte den neuen Papst Hadrian I. (772–795) dazu, jene zu fränkischen Königen zu weihen; parallel zu dieser konfrontativen Strategie gegenüber Karl erhöhte er den Druck auf den Papst, indem er sich einige umstrittene Städte der Pentapolis mit militärischer Gewalt zurückholte. Der Papst hatte sich jedoch längst in seiner Präferenz festgelegt: Er verweigerte Karlmanns Söhnen die Königsweihe und wandte sich mit einem Hilferuf an den Frankenkönig Karl. In Pavia wusste man, dass eine fränkische Kriegserklärung gegen die Langobarden jetzt nur noch eine Frage der Zeit war. Am 11. November 772 schenkte der Mitkönig Adelgis ein riesiges Konglomerat über halb Italien verstreuter Güter an das von seinen Eltern gegründete Salvatorkloster in Brescia. Die Besitztümer waren einem

gewissen Augino (sowie acht weiteren Personen) wegen Treubruchs entzogen worden, nachdem *«er durch Flucht ins Frankenreich entkommen war»* (*CDL III,1, Nr.* 44). Es ist dies die letzte erhaltene Urkunde eines langobardischen Königs.

774: Der historische Kontext der fränkischen Eroberung Oberitaliens

Für die Rechtfertigung ihrer Militärintervention in Italien konnten sich die Franken auf ihre Funktion als Garanten des Kirchenstaates berufen. Doch wahrscheinlich gab die mit dem Tod Karlmanns eingetretene Neuordnung der Verhältnisse nördlich der Alpen Karl Anlass, seine strategischen Ziele für Italien komplett zu überdenken. Anlage und Durchführung des Feldzuges sprechen dafür. Der fränkische Vorstoß auf Italien erfolgte erneut über die westlichen Alpen. Im März 773 sammelte und teilte Karl sein Heer in Genf, um es auf zwei Routen über die Alpen ziehen zu lassen. Die eine Abteilung führte er selbst über den Mont-Cenis-Pass nach Susa (Piemont, ca. fünfzig Kilometer westlich von Turin); das andere Kontingent schickte er über den großen St. Bernhard-Pass, damit es über das Aostatal und Ivrea von Nordosten kommend über Turin in Susa einträfe. Mit diesem Plan wollte er Desiderius offenkundig eine Falle stellen. Dieser suchte wie vor ihm Aistulf eine offene Feldschlacht zu vermeiden und mit seinem Sohn die Entscheidung bereits nach der fränkischen Alpenüberquerung herbeizuführen. Bei den «Klausen von St. Michael», einer Verengung am Ende des Susatals, wo sich eine langobardische Befestigung befand, versperrte er den Weg. Doch beim unerwarteten Eintreffen des von Osten kommenden zweiten fränkischen Kontingents ergriffen die Langobarden kampflos die Flucht. Der langobardische Widerstand konzentrierte sich im weiteren an den zwei Orten, wo die Königsfamilie Zuflucht nahm. Desiderius flüchtete sich mit seiner Frau Ansa nach Pavia. Seit September 773 wurden sie dort von fränkischen Truppen Karls belagert. Sein Sohn Adelgis zog mit Karlmanns Witwe Gerberga und deren Söhnen in das schwer befestigte Verona. Noch im selben Jahr musste sich Gerberga ergeben, während Adelgis die Flucht nach Konstantinopel gelang, wo er beim Kaiser Aufnahme fand. Im Fall von Pavia lehnte Karl eine Verhandlungslösung ab; er ließ die Stadt aushungern, während aus anderen Gegenden Kapitulationsangebote langobardischer Krieger und Städte bei ihm eingingen. Vom belagerten Pavia zog Karl nach Rom weiter, um sich dort triumphal empfangen zu lassen und Papst Hadrian zu Ostern 774 die von seinem Vater gemachte «Schenkung» zu bestätigen. Noch am 6. Mai 774 brachte eine Adelige namens Petronia ihr Vermögen in Sicherheit, indem sie es an eine Kirche im Apennin schenkte, um sich und ihrem Mann die Nutzung auf Lebenszeit vorzubehalten – die Urkunde datiert nach «*unseren Herren Königen Desiderius und Adelgis, in barbarischen Zeiten*» (*tempore barbarici*) (*CDL II, Nr. 291*). Nicht einmal einen Monat später, am 4. Juni 774, nach neunmonatiger Belagerung der Stadt, sah sich Desiderius in Pavia zur Kapitulation gezwungen. Karl ließ ihn und seine Frau Ansa gefangen nehmen und Desiderius im nordfranzösischen Kloster Corbie internieren, wo er noch 786 bezeugt ist. Karl selbst ließ sich am folgenden Tag in Pavia zum neuen König der Langobarden krönen.

Anders als von Gerberga verlieren sich die Spuren von Anselperga, der Äbtissin des Kloster San Salvatore / Santa Giulia in Brescia, erst etwas später. Ihre Mutter, Königin Ansa, dürfte in fortgeschrittenem Alter gestorben sein, denn sie fand – wohl mit fränkischer Zustimmung – ihre letzte Ruhe in einem Bogengrab des von ihr gestifteten Klosters in Brescia. Paulus Diaconus hat ihrem Vermächtnis um 780 ein berührendes Epitaph gewidmet: «*Ein marmorweißes Grab, glänzend von metallenen Buchstaben, birgt einen löblichen Körper, um ihn dereinst zurückzugeben. Denn hier ruht die überaus schöne Frau des italischen Königs, Ansa, aufgrund ihrer berühmten Verdienste siegreich für immer im ganzen Erdkreis, solange die Heiligtümer des Donnernden stehen, solange es Blumen auf Erden gibt, solange sich das Licht aus dem Aether erhebt. Gemeinsam mit ihrem bedeutenden Mann erhob und festigte sie das Vaterland, als es von Kriegen zerrissen war und schon einzustürzen drohte, ja sie mehrte es, denn sie gebar für uns den großen Adelgis, in Gestalt und Geist mächtig, damit er das Szepter des Königreiches halte; in ihm ist in Christo den Langobarden die größte Hoffnung verblieben. Tapfere Herzen verpflichtete sie sich durch die Ehen ihrer Töchter: Sie einte die Zerstrittenen, welche der reißende Ofanto umgibt, und in Liebe zum Frieden band sie jene, welche Rhein und Donau umgürten; ja, sogar dem ewigen König ist sein Anteil verblieben, in jungfräulichem Glanze blitzend, diesem Heiligtum verpflichtet: Überall verbreitet sich trefflich die Kunde von ausgestatteten Gotteshäusern, die sie zur Verehrung des hohen Throns stiftete und welche der Bedürftige aufsucht. Mach' Dich nun gesichert auf den Weg, ein jeder Pilger, der Du von den westlichen Gestaden kommst, um die Zinnen des ehrwürdigen Petrus zu besuchen und des garganischen Felsens geheiligte Höhle. Unter dem Schutz dieses Hauses musst Du nicht die Geschosse des Diebes fürchten, noch die Kälte oder Wolken dunkler Nacht, denn zugleich großzügiges Dach und Nahrung hat sie Dir bereitet. Mehr zu sagen verbietet sich sträubender Zunge die leidige Kürze – ich werde mit wenigem schließen: Was sich in Frömmigkeit ergießt, was im Geiste der Taten glänzt oder im Lichte schimmert – in Dir, strahlende Königin, hatte alles zugleich Bestand»* (*Neff 9*). Paulus hob in seinen Versen die künftige Funktion des Frauenklosters als Pilgerherberge und Ort der Armenspeisung in Erinnerung an das Wirken der Ansa hervor. Stolz pries er die Verdienste des Königspaares um die innere Einigung der Langobarden unter ihrer neuen Dynastie und erinnerte an die Vermählung ihrer Töchter Adelperga, Liutberga und «Desiderata» (oder Gerberga?) mit Arichis, Tassilo und Karl bzw. Karlmann sowie Anselperga als Braut Christi mit dem Erlöser. Doch im Mittelpunkt steht der gemeinsame Sohn Adelgis, auf dem die letzte verbliebene Hoffnung der Langobarden ruhte. Er hielt sich zu dieser Zeit in Konstantinopel auf, der Stadt der schlafenden Exilkönige. Einen Aufstand, in dem Hrodgaud, der Herzog von Friaul, mit seinen Mitherzögen von Spoleto, Chiusi und Benevent noch einmal das alte langobardische Königreich wiederherzustellen versuchte, um den Desideriussohn mit oströmischer Hilfe zurückzuholen (*CC 57 [63]*), konnte freilich der neue Langobardenkönig Karl im Frühjahr

776 in Italien niederschlagen. Doch die Hoffnung auf eine Rückkehr des Adelgis war auch damit noch keineswegs erloschen.

Die neue Ordnung der Dinge: Ein Franke als «König der Langobarden»

Nach seiner Krönung zum König der Langobarden ließ Karl sich in Urkunden und bald auch auf Münzen als gottbegnadeter «König der Franken und Langobarden» (*Carolus gratia Dei rex Francorum et Langobardorum*) titulieren. Dies verdeutlicht nicht nur, welche Bedeutung der Frankenherrscher seinem Sieg beimaß; vielmehr wollte Karl seine Herrschaft in Italien aus den Traditionen des langobardischen Königtums heraus entwickeln. In der ersten erhaltenen Urkunde des neuen Regimes, ausgestellt in Pavia am 5. Juni 774, dem Tag seiner Königserhebung (*DKdG 80*), schenkte er dem ältesten langobardischen Kloster Bobbio einige Güter. Es ist ein wegweisendes Dokument, typisch für die karolingische Politik, Klöster und Bischofskirchen gezielt zu privilegieren, auf die Besetzung der Bischofsstühle und Abtswürde Einfluss zu nehmen und überhaupt die Herrschaftsausübung stärker auf die Schultern kirchlicher Institutionen zu legen (*DKdG 86, 98–99, 111, 125, 131, 133, 135*). Auch im Frauenkloster San Salvatore / Santa Giulia in Brescia brach eine neue Zeit an, nachdem der personelle Bruch mit der langobardischen Königsfamilie vollzogen war. Seine neue Äbtissin Radoara scheint eine Fränkin gewesen zu sein. Im Konvent selbst begegnen alsbald zahlreiche weibliche Mitglieder der karolingischen Herrscherfamilie, die nun vereint für das Wohlergehen der karolingischen Dynastie und die Festigkeit des Frankenreiches beteten.

Die ersten Jahre der neu errungenen Herrschaft standen im Zeichen der militärischen Absicherung der Gebietsgewinne. Zahlreiche langobardische Militärs wechselten die Seite und leisteten dem Frankenherrscher den Treueid. An die Stelle der meisten Herzöge wurden nun vom neuen König ortsfremde Grafen nordalpiner Herkunft gesetzt. Die Reiterei des Feldzuges von 773/74 hatte vor allem aus fränkischen und burgundischen Kriegern bestanden, doch bewog Karl auch zahlreiche alemannische und bayerische Adelige dazu, über die Alpen zu ziehen und militärische und administrative Aufgaben zu übernehmen. Gerade in den höheren Ämtern Oberitaliens suchten die Eroberer den Bruch mit den Langobarden, und seit 774 gab es eine beträchtliche Einwanderung nordalpiner Gruppen nach Oberitalien. Die Neuankömmlinge wurden zur Belohnung mit Fiskalland versorgt, das nun dem neuen Langobardenkönig gehörte und zum Teil auch aus Ländereien bestand, die zuvor von «rebellischen» und dann deportierten Langobarden konfisziert worden waren. Ein solcher Adeliger war Aio, der sich an dem erwähnten Hrodgaud-Aufstand 775/76 beteiligte und dafür seine Güter in Friaul, Verona und Vicenza verlor; erst über zwanzig Jahre später erhielt er diese zurück, nachdem er zu einem Getreuen und bedeutenden Funktionär Karls geworden war (*DKdG 187*). Der Hrodgaud-Aufstand, der zahlreiche Konfiskationen nach sich zog (*DKdG 112, 214, 285–287*), erhöhte zugleich die fränkische Sensibilität dafür, dass es nicht damit getan war, einige Personen auszuwechseln. Wegen fränkischer Militäroperationen im Pyrenäengebiet begann jedoch erst 781 eine neue Phase in der fränkischen Herrschaftskonsolidierung südlich der Alpen. Ende 780 feierte Karl, erstmals in friedlicher Mission in Italien, das Weihnachtsfest in Pavia, wo er mehrere Monate verbrachte, um die Verhältnisse zu ordnen. Im folgenden Jahr verlobte er seine sechsjährige Tochter Rotrud mit dem oströmischen Kaisersohn Konstantin VI. und ließ seinen vier Jahre alten Sohn Pippin in Rom taufen und zum «König der Langobarden» salben. Sein Taufpate war kein Geringerer als Papst Hadrian I., den durch diesen hochsymbolischen Akt eine geistliche Verwandtschaft mit den Karolingern verband. Durch die Begründung dieses Unterkönigtums in Italien wurde das familiäre Herrschaftsmodell gleichsam «nach Art der Franken» vom Norden aus neu aufgezogen, und zwar unter Einbeziehung des Papstes. Zugleich war dies als Angebot zu verstehen, den langobardischen Königshof mit Pavia als zentraler «Ansprechstation» in Italien beizubehalten. Der unmündige Pippin zog feierlich in den königlichen Palast von Pavia ein, gemeinsam mit seinem Regenten, dem Abt Adalhard von Corbie – jenes Klosters also, in dem der letzte Langobardenkönig Desiderius interniert war.

Pavia bildete fortan das wichtigste Regierungszentrum für das «Königreich Italien» (*regnum Italiae*), wie das karolingische Langobardenreich alsbald auch genannt wurde. 781 begann Karl in größerem Stil damit, als neuer «König der Langobarden» die Privilegien der langobardischen Könige, etwa Liutprands Konzessionen für Comacchio und Venedig, aber auch Verfügungen des Adelgis (*DKdG 132, 134)*, durch eigene Urkunden als deren Rechtsnachfolger zu bekräftigen. In offiziellen Dokumenten ließ er immer wieder versichern, die Dinge so handhaben zu wollen, *«wie es nach langobardischem Recht»* gültig sei. Die karolingischen Erlasse für Italien gaben sich fast durchgängig als Novellen zum langobardischen Recht, welches man an verschiedenen Stellen abänderte und aktualisierte. Eine legislative «Notiz» von 781 zeigt, dass in den Jahren vor und nach der Eroberung große Rechtsunsicherheit entstanden war. Nicht wenige Familien waren in der Kriegsnot in Schuldknechtschaft geraten. Deren Verpflichtungsurkunden wurden nun für ungültig erklärt; entschädigt werden sollten auch Leute, die ihren Besitz hatten unter Wert verkaufen müssen, *«bevor wir mit unserem Heer einmarschiert sind»*. Die Klärung mancher Besitzverhältnisse, gerade in einstigen Kriegsgebieten, musste auf eine Gerichtsversammlung Karls mit den örtlichen Bischöfen und Grafen vertagt werden: *«Urkunden, die unter Verweis auf eine Hungersnot oder in betrügerischer Absicht zu Zeiten des Königs Desiderius ausgestellt wurden, dürfen nicht anerkannt werden. In solchen Fällen soll eine Rechtsentscheidung nach deren (d.h. dem langobardischen) Recht herbeigeführt werden»* (*CRF 1, Nr.* 88). Schrittweise wurde die Gesetzgebung für Italien immer differenzierter, modifizierte langobardische Rechtsbestimmungen im Einzelnen und implementierte auch Normen, die zunächst nördlich der Alpen verfügt worden waren.

Nach Italien führten die fränkischen Herrscher nun insbesondere das Prinzip der persönlichen Rechte ein. Es erlaubte jedem Bewohner, auch den Langobarden, nach seinem eigenen Recht private Rechtsgeschäfte zu tätigen, und verlangte, dass abhängig von der Rechtsmaterie ein Beklagter nach dem Recht seiner Herkunft zu behandeln war. Nun fanden vor Gericht auch die Rechte der eingewanderten Franken, Burgunder, Alemannen und Bayern Anwendung. Neben der Hoffnung auf Verbesserung des eigenen Status war dies für sie ein wichtiges Argument gewesen, um den riskanten Schritt über die Alpen zu wagen und sich dort in einer unvertrauten Umgebung niederzulassen. Das Nebeneinander verschiedener Rechtsordnungen, denen Personen aufgrund ihres ethnischen Status zugewiesen waren, hat in Italien die Ausbildung eines «intergentilen Kollisionsrechts» begünstigt, das etwa dann zum Tragen kam, wenn Angehörige verschiedener ethnischer Gruppen einander heirateten und unterschiedliche Vorstellungen im Familien-, Erb- und Beweisrecht aufeinandertrafen. Dies war umso wichtiger, als die fränkischen Herrscher das Eingehen ethnisch übergreifender Eheverbindungen im Sinne der «Reichsintegration» nachhaltig förderten.

Mehr als ein Nachspiel: Herzog Arichis II. (758–787) und der Fürstenhof in Benevent

Mit dem fränkischen Gewinn der Herrschaft in Ober- und Mittelitalien war noch keine Entscheidung über das langobardische Herzogtum Benevent gefallen. Unter der langen Herrschaft von Arichis II. (758–787) – dem Schwiegersohn des Desiderius – hatte es eine ausgesprochene Blütezeit erlebt. In Benevent und Salerno kam es im 8. Jahrhundert zur Ausbildung einer Hofkultur mit eigenem Zeremoniell, die in vielerlei Hinsicht oströmischen Vorbildern verpflichtet war, aber auch dem Modell des Königshofes in Pavia. Königin Adelperga galt als hochgebildete Förderin einer Hofschule, an der sich für einige Zeit auch ihr Lehrer Paulus Diaconus aufhielt. Nirgendwo ist die eigentümliche Melange oströmischer und langobardischer Traditionen heute sichtbarer als in der von Arichis und Adelperga in den 760er Jahren gestifteten Sophienkirche in Benevent, die bereits in Namengebung und Bauform mit zahlreichen Rundungen an die Hagia Sophia («Hl. Weisheit») in Konstantinopel erinnerte, obwohl sie auch Vorbilder aus Pavia zitierte und vielleicht der hl. Sophia von Rom geweiht war; sie wurde durch einen Frauenkonvent ergänzt, dem Arechis' Schwester Gariperga als Äbtissin vorstand. 768, bald nach der Fertigstellung, wurden die sterblichen Überreste des oströmischen Militärheiligen Merkurios nach Benevent überführt und feierlich unter einem eigenen Altar beigesetzt. Man glaubte, Arichis sei bei diesem Akt göttlicher Inspiration gefolgt, als ihm im Traum der Märtyrer die Überführung seiner Gebeine nach Benevent höchstpersönlich gebot und ihm den Ort seines Grabes zeigte, wohin seine Gebeine 662 bei der Süditalienexpedition Kaiser Konstans' II. gebracht worden waren (*BHL 5936*). Die heute zum Welterbe gehörende Sophienkirche war als Palastkirche für das höfische Zeremoniell gedacht, diente später auch als Krönungskirche.

In Benevent reagierte man auf die fränkische Eroberung Pavias zwiegespalten. Zum einen zeigte sich Herzog Arichis willens, die Oberhoheit Karls und dessen Nachfolge im langobardischen Königtum formal anzuerkennen, wodurch er seine Herrschaft zunächst vor einer direkten fränkischen Militärintervention bewahrte. Zum anderen gab Arichis 774 seinen Herzogstitel (*dux*) auf und nannte sich fortan «Fürst» (*princeps*). Geschickt brachte er so zum Ausdruck, dass er sich nicht mehr als königlicher Funktionär verstand, sondern als unabhängig und nahezu königsgleich, ohne freilich provokativ zu behaupten, selbst ein König zu sein. Das erlaubte ihm, langobardische Traditionen für sich zu nutzen, die eigentlich einem König vorbehalten waren. So erließ Arichis II. mehrere Gesetze als Novellen zum Edikt König Rotharis.

Auf anderen Feldern pochte der Frankenkönig deutlich auf seine Oberhoheit, etwa bei bedeutenden Klöstern wie Montecassino. In der Abtei San Vincenzo al Voltorno, die vom beneventanischen Hof gefördert worden war, wurde Mitte der 780er Jahre der Abt von fränkischen Mönchen seines Klosters beim König denunziert: Sie warfen ihm vor, er habe das gemeinsame Gebet für die Gesundheit des Königs und seiner Nachkommen verweigert, Karl und die Franken beleidigt sowie Mönche, die sich beim Frankenherrscher beschweren wollten, einsperren lassen. Trotz einer umfangreichen Prüfung des Falls durch päpstliche Untersuchungsrichter, die den Abt rehabilitierte, ließ Karl ihn absetzen (*CC 72 [67], 79 [66]*). Der Aufsehen erregende Fall, der ein Schlaglicht auf die politische Bedeutung der Klöster und Kirchen wirft, erscheint wie ein Vorbote des Folgenden. 787 schickte Arichis seinen älteren Sohn Romuald nach Rom, damit er gegenüber Karl, der sich gerade dort aufhielt, die offenbar angezweifelte Loyalität Benevents bekräftigte. Karl aber nahm, wohl auch auf Wunsch Papst Hadrians, Arichis' Sohn als Geisel und marschierte unversehens mit seinem Heer im Fürstentum Benevent ein (*ARF 787*). Ein späterer Chronist beschreibt, wie Arichis in der Palastaula seiner Zweitresidenz Salerno saß, im oströmischen Ornat mit Szepter auf einem goldenen Thron, umgeben von Stabträgern, Soldaten in Prunkuniform, Musikanten und Höflingen, um in einem von einem Zeremonienmeister orchestrierten Ritual auswärtige Gesandte zu empfangen. Leider handelte es sich dieses Mal um die fränkischen Gesandten, die seine Unterwerfung verlangten. Karl befand sich zeitgleich nur etwa siebzig Kilometer weiter nördlich in Capua. Als die dort versammelten Bischöfe des Erzbistums Benevent ihm in der Apostelkirche das auf der Seitenwand des Altarraumes befindliche Großporträt des Arichis als kaiserlich gekrönten Fürsten zeigten, fragte er entrüstet, ob sie sich damit über ihn lustigmachen wollten, und drohte ihnen, sie ins Exil nach Gallien zu schicken. Die Bischöfe entgegneten, sie würden als Exilland wenn schon, dann doch Afrika bevorzugen, und klärten den Frankenherrscher geduldig über die im Bilderstreit wichtige (platonische) Unterscheidung zwischen «Urbild» und «Abbild» auf, um ihn schließlich nicht ohne Ironie auch noch mit «Herr Kaiser» anzureden. Wutentbrannt soll König Karl daraufhin mit seinem Szepter auf dem Arichis-Gemälde dessen Krone zerstört haben (*CS 11–12*). In den folgenden Verhandlungen musste Arichis unter Leistung eines Treueides zustimmen, Karl künftig einen jährlichen Tribut von 700 *solidi* zu zahlen sowie einige entlang der Via Appia gelegene Städte, darunter Capua, an den Kirchenstaat abzutreten; zur Absicherung durfte Karl Arichis' jüngeren Sohn Grimoald als Geisel mit ins Frankenreich nehmen.

Doch hinderte dies Arichis nicht daran, schon bald nach Karls Abzug eine Allianz mit dem oströmischen Kaiser Konstantin VI. zu schmieden. Der Plan sah vor, dass sein Schwager, König Adelgis, nach Italien zurückkehren und Benevent mit der kaiserlichen Stadt Neapel vereinigt würde; überdies soll Arichis gegenüber Konstantinopel versprochen haben, «*in Haartracht und Kleidung unter kaiserlicher Oberhoheit dem Brauch der Griechen zu folgen*» (*CC 88 [83]*). In dieses Bild einer geradezu «globalen» Konstellation fügt sich, dass zur selben Zeit in Rom Gesandte des Bayernherzogs Tassilo III. vorstellig wurden, um Papst Hadrian darum zu bitten, zwischen ihm und König Karl zu vermitteln. Der Papst drohte Tassilo jedoch mit der Exkommunikation, falls er Karl treubrüchig würde (*ARF 787*). Die Eskalation des – zumeist als fränkisch-bajuwarische Auseinandersetzung interpretierten – Konfliktes hatte über Tassilos Frau Liutberga eine handfeste langobardische Dimension: Wie es scheint, fanden sich im Sommer 787 die Schwiegersöhne des Desiderius zu einem Bündnis zusammen, um mit Hilfe Konstantinopels das Reich und Königtum der Langobarden unter ihrem königlichen Schwager Adelgis im Süden wiedererstehen zu lassen – dreizehn Jahre nach dem Fall Pavias.

Der Plan scheiterte grandios. Arichis' älterer Sohn Romuald starb im Juli 787, sein Vater nur einen Monat später, noch bevor eine Gesandtschaft aus Konstantinopel in Salerno eintraf, die ihm den Ehrentitel eines *patricius* hatte übertragen sollen. Als die oströmischen Gesandten Arichis nicht mehr unter den Lebenden fanden und stattdessen auf Karl den Großen trafen, führte dies vollends zum Eklat. Karl löste daraufhin die sechs Jahre zuvor erfolgte Verlobung seiner Tochter Rotrud mit Kaiser Konstantin VI.; hinzu kam, dass der fränkische Hof auch dem 2. Konzil von Nicaea distanziert gegenüberstand, welches im selben Jahr die Bilderfrage ökumenisch entschied. Und schließlich ging Karl militärisch gegen seinen Vetter Tassilo vor und ließ ihn im folgenden Jahr in einem politischen Prozess wegen Hochverrates absetzen (*ARF 787–788*). Damit verschoben sich nun auch in Benevent schlagartig die Gewichte zugunsten der Karolinger. Arichis' Sohn Grimoald (III.) wurde Anfang

788 aus fränkischer Geiselhaft entlassen und gegen den Willen des Papstes (*CC 86 [84]*) zum Nachfolger seines Vaters ernannt. Doch musste er als Herzog von Benevent dem Frankenherrscher einen Treueid schwören und zusichern, seinen Kinnbart zu scheren und Karls Oberhoheit als Königs der Langobarden auch auf Münzen und Siegeln sichtbar zu machen (*HLB 4*). Einem aufgrund der Vakanz des Fürstentums unversehens in Kalabrien eingefallenen oströmischen Invasionsheer, an dessen Spitze König Adelgis und der *patricius* von Sizilien standen, brachte Grimoald noch 788 mit militärischer Unterstützung des Herzogs von Spoleto und eines fränkischen Kontingents eine vernichtende Niederlage bei. Damit hatte er seine Loyalität gegenüber den Franken erwiesen und zugleich dem Sohn des Desiderius den finalen Stoß versetzt. Nun durfte Grimoald sich selbst als den letzten legitimen Spross der Familie des Desiderius betrachten, und nur kurze Zeit später heiratete er eine Schwägerin Kaiser Konstantins VI. namens Euanthia. Die darüber erbosten Franken griffen daraufhin Benevent an, doch vergeblich. Seit 791 prangte auf Goldmünzen, die Grimoalds Sieghaftigkeit feierten, wieder sein eigenes Konterfei mit dem Titel *princeps*, auf Urkunden bezeichnete er sich als *«Grimoald, der große und höchste Fürst des Volkes der Langobarden»*.

Die Geschichte des Fürstentums Benevent war weit mehr als nur das «Nachspiel» des Langobardenreiches. Wie das nördliche Langobardenreich von Pavia unter den Karolingern zur transalpinen Herrschaftsformation des «Königreiches Italien» umgebildet wurde, so entwickelte sich in den südlichen Fürstentümern Benevent und Salerno, später auch Capua eine eigentümliche Mischung aus langobardischen, griechischen, römischen und fränkischen Elementen. Unter dem Signum der langobardischen Identität erlaubte sie den dortigen Fürsten bis ins 11. Jahrhundert einen um Eigenständigkeit bemühten Kurs zwischen den Mächten zu steuern. Viele kulturelle Prägungen, die von Benevent ihren Ausgang nahmen, sind noch heute gut erkennbar: in den erhaltenen Baudenkmälern, in der geistigen Kultur seiner Klöster und ihren Handschriftenbeständen, in einer eigenständigen Liturgie des Kirchengesangs, den «byzantinisch» anmutenden Münzprägungen und nicht zuletzt in einer besonderen regionalen Schrift, der sog. «Scriptura Beneventana». Die zahlreichen aus Benevent, Capua und Salerno erhaltenen Fürsten- und Privaturkunden weisen mannigfache langobardische Rechtseinflüsse auf. Im späten 9. Jahrhundert, als Konstantinopel Teile Süditaliens zurückeroberte und um Bari herum einen eigenen Verteidigungsbezirk namens «Longobardia» einrichtete, ließ man für die zahlreichen dort ansässigen Langobarden den «Edictus Rothari» mitsamt seinen langobardischen Rechtswörtern ins Griechische übersetzen.

9. Die Langobarden in Italien: Bilanz, Nachwirkung und kulturelles Erbe

Wie konnte das langobardische Königreich kaum zwanzig Jahre, nachdem es seine größte Ausdehnung erreicht hatte, ein solch jähes Ende nehmen? Sein Aufstieg war die Folge einer zeittypischen Eroberungspolitik gewesen, die mit der Installation militärischer Funktionsträger an der Spitze der zahlreichen Städte Oberitaliens auf Dauer gestellt worden war. Hatten zuvor die Ostgoten Ravenna zum Zentrum einer auf Italien bezogenen Königsherrschaft gemacht, so erfolgte der schrittweise Aufbau der langobardischen Regierungszentrale im oberitalienischen Binnenland. Mit der dann vor allem in Pavia konzentrierten Finanzadministration, Münzprägung und Verwaltungsschriftlichkeit korrespondierte das Fortleben spätrömischer Substrukturen in den Städten Oberitaliens. Dies erklärt zugleich die machtvolle Position der in diesen Zentren ansässig gewordenen langobardischen Herzöge, die mit ihrem Zugriff auf militärische Ressourcen in Gestalt von *farae* und Heerleuten einen wesentlichen Stabilitätsfaktor des Reiches bildeten. Die langobardischen Königsfamilien waren dagegen relativ kurzlebig; nur eine schaffte es, über mehr als drei Generationen an der Macht zu bleiben. Zu Königen aufgestiegene Herzöge mussten daher, nicht selten durch eine Heirat der Königinwitwe, eigene Machtnetzwerke und Bündnisse jeweils neu aufbauen, durften darüber jedoch nicht vergessen, wo ihre eigentliche Machtbasis lag – etwa in Cividale oder Brescia. Jeder dynastische Bruch gefährdete zudem die erstmals von Grimoald erreichte dynastische Verbindung des Königtums in Pavia mit den beiden mächtigen südlichen Herzogtümern in Spoleto und Benevent. Die Heiratspolitik der neuen Monarchen, die ihre Familienmitglieder wiederholt in wichtige Allianzen hineinzwangen, zeigt, wie konsequent dieser Zusammenhalt erkauft werden musste.

Zugleich bestand zum Exarchat von Ravenna eine unmittelbare Herrschaftskonkurrenz mit militärischer Grenze. Sie erklärt in Teilen auch den identitätspolitischen Versuch König Rotharis, mit seinem Rechtsbuch den auf ihren Landbesitz gegründeten Militäreliten einen stärkeren Zusammenhalt als Langobarden zu geben. Mit dem Anerkennungsvertrag von ca. 678 und dem allmählichen Zerfall des Exarchats von Ravenna schwächte sich das Problem der oströmischen Herrschaftskonkurrenz merklich ab, zugleich entfielen die religiösen Grenzen innerhalb Italiens. Wie über Zusammengehörigkeit, Identität, Feindschaft usw. gedacht und gesprochen wurde, veränderte sich dadurch grundlegend. Politische Koalitionen zwischen unterschiedlichen Akteuren (Königtum, südliche Herzogtümer, Konstantinopel, Exarchat, Rom, Franken, Bayern) konnten fortan immer freier ausgehandelt werden.

Das eigentlich forcierende Element ist freilich im finalen Zusammenbruch des Exarchats zu erkennen; damit ging einher der Aufbau der weltlichen Macht des Papsttums in Gestalt des Kirchenstaates, mit den Franken als Garantiemacht. Diese Implosion des Herrschaftsgefüges im Inneren Italiens, als sich die Langobarden auf dem Höhepunkt ihrer Machtentfaltung wähnten, kehrte die militärische Kräftekonstellation um, weil plötzlich die größte Gefahr von dem transalpinen Gravitationsfeld ausging. Man wird dafür schwerlich «unersättliche Eroberungssucht» der Franken verantwortlich machen können, deren Interessen erst unter Karl über den Schutz des Kirchenstaates hinauszugreifen begannen. Vielmehr war das diplomatische Streben des Papsttums – ihm unliebsame Koalitionen zu unterbinden, seine Stellung in geradezu imperialer Manier von der Peripherie her zu denken und gemeinsame kirchliche und politische Interessen mit der großen Militärmacht nördlich der Alpen zu entwickeln – die treibende Kraft, der sich die Langobarden letztlich nicht gewachsen erweisen sollten. Desiderius' Versuch, der sich verändernden Mächtekonstellation durch eine weitreichende familiäre Bündnispolitik Herr zu werden, lieferte dazu gleichsam die maximale Antwort. Sie konnte jedoch das Ende seines Königtums nicht verhindern.

Mit der über 200-jährigen Geschichte des langobardischen Königreiches und seiner Herzogtümer beginnt die Geschichte der politischen Zerklüftung Italiens und mit ihr die Herausbildung regional verschiedener Gesellschaftsformen und Identitäten. Das oberitalienische Langobardenreich lebte im karolingischen und ottonischen «Königreich Italien» fort – und in seiner Hauptstadt Pavia als dem Krönungsort seiner Könige. Aus der langobardischen, auch von späteren Herrschern fortgeführten Rechtstradition erstellten Juristen um 1000 das «Rechtsbuch von Pavia», auch *Liber Papiensis* genannt. Mit seinen besonderen Familienstrukturen, den Geldsanktionen, der Fehde als Rechtsmittel und dem Zweikampf als Beweisinstrument vor Gericht lebte darüber auch das Recht der langobardischen Kriegergesellschaft inmitten der gentilen Rechtsvielfalt des Königreiches Italien weiter, bis die Bürgerkommunen der Städte es schrittweise zurückdrängten.

Das wichtigste Werk für alle spätere Erinnerung an die Zeit der Langobarden ist die *Historia Langobardorum* des Paulus Diaconus. Diesen hatte sein Lebensweg, zumeist in Nähe zum politischen Zentrum, von seinem Geburtsort Cividale über die langobardische Königsresidenz Pavia und den karolingischen Hof in Aachen bis ins süditalienische Benevent und von dort ins Kloster Montecassino geführt. Sein Geschichtswerk – ein Resultat des Studiums älterer Quellen sowie seiner Erzählkunst und der eigenen Biographie – schrieb Paulus, als das Langobardenreich in Oberitalien bereits Geschichte war. Montecassino, an der Grenze des Fürstentums Benevent zum Kirchenstaat gelegen, wurde im Laufe der Zeit zum wichtigsten Zentrum, in dem die Geschichte der Langobarden gesammelt, geordnet und neu gedeutet wurde. Nicht auszudenken, welches Bild wir heute von den Langobarden hätten, müssten wir dafür ausschließlich auf die ihnen feindliche päpstliche und fränkische Überlieferung zurückgreifen. Doch nicht einmal in Oberitalien konnte man sich völlig freimachen von dem Bild, das die Gegner der Langobarden entworfen hatten. Im 12. und 13. Jahrhundert, als sich in der Lombardei selbstbewusste und wehrfähige Bürgergemeinden gebildet hatten, glaubten die alteingesessenen Lombarden Mailands stolz, sie seien seit jeher so tapfer gewesen, dass sie sich in früheren Zeiten sogar erfolgreich gegen die schrecklichen Langobarden gewehrt hätten!

In der frühen Neuzeit wurden die Langobarden erstmals Gegenstand wissenschaftlichen Interesses, wie das umfangreiche Werk des herausragenden Gelehrten und Bibliothekars Lodovico Antonio Muratori (1672–1750) zeigt, des Vaters der italienischen Geschichtsschreibung. Begann mit ihm die archivalische Erforschung der langobardischen Zeit, so fingen damals auch vermehrt und intensiv Schriftsteller an, sich für die Langobarden zu interessieren. Vor allem Dramatiker ließen sich von den bei Paulus Diaconus überlieferten Liebes-, Intrigen- und Rückkehrergeschichten inspirieren. Die schillernde Figur der Rosamunde oder der exilierte König Perctarit und seine Frau Rodelinde bildeten dann im früheren 18. Jahrhundert Hauptfiguren in Opern Georg Friedrich Händels und Georg Philipp Telemanns. Doch auch politisch berief man sich immer wieder auf die langobardische Tradition: Mit der als Kopfschmuck etwas zu klein geratenen «Eisernen Krone» von Monza, die auf dem Einband dieses Buches abgebildet ist, ließ sich Napoleon 1805 in Mailand zum König von Italien krönen. Und in seiner 1822 veröffentlichten Tragödie *Adelchi* benutzte der italienische Schriftsteller und Dichter Alessandro Manzoni das Schicksal des Desiderius-Sprosses Adelgis, um sich gegen die zuvor vom Wiener Kongress begründete österreichische Herrschaft über die Lombardei und Venetien zu wenden.

Das kulturelle Erbe dieser Epoche ist jüngst sichtbarer geworden durch die Idee, eine Anzahl langobardischer Bauwerke und Erinnerungsorte geschlossen auf die Liste des UNESCO-Welterbes zu setzen. In ihrer Dezentralität verkörpern die sieben dafür ausgewählten Stätten, die sich vom Norden Italiens (Cividale, Brescia, Castelseprio) über die Mitte (Spoleto, Campello sul Clitunno) bis in den Süden (Benevent, Monte Sant'Angelo) erstrecken, die Wirkmacht der Langobarden in der enormen geographischen Dimension der von ihnen beherrschten Gebiete. In der UNESCO-Liste fehlt freilich jener Ort, von dem in diesem Buch häufiger die Rede war als von jedem anderen: Pavia. Wer heute einen Spaziergang durch die Stadt unternimmt, wird hinter manchen der prunkvoll erneuerten Kirchbauten vielleicht noch schemenhaft ihre langobardischen Vorgänger erahnen. Vom einstigen Königspalast und seiner langobardenzeitlichen Pracht hingegen ist, wenn überhaupt, allenfalls ein kleiner Mauerrest geblieben. Als der letzte Ottonenherrscher Heinrich II. (1002–1024), zuvor Herzog von Bayern, in Italien intervenierte und sich 1004 in der Paveser Kirche San Michele zum König von Italien krönen ließ, kam es zum Aufstand der Bürger und zu tätlichen Übergriffen auf das königliche Gefolge, woraufhin die Situation eskalierte. In Italien bemerkte dazu ein Chronist lakonisch, König Heinrich habe damals *«die Stadt Pavia aufgesucht, sie in Brand gesteckt und anschließend die Rückreise ins deutsche Reich (regnum Teutonicum) angetreten»*. Nach Heinrichs Tod schritten die Paveser Bürger zur Tat und zerstörten den alten, seit 500 Jahren genutzten Königspalast für immer, noch bevor der neu gewählte König, der Salier Konrad II., das Gebäude in Besitz nehmen konnte. Als dieser sie dafür zur Rede stellen ließ, verwiesen sie mit juristischer Spitzfindigkeit auf das Interregnum nach dem Tod seines Vorgängers: Sie könnten gar nicht die königliche Pfalz zerstört haben, schließlich habe es zu dem Zeitpunkt, als sie das Gebäude in Schutt und Asche legten, gar keinen König gegeben. Die stolzen Pavesen hatten genug von den Segnungen der nordalpinen Herrschaft, genug auch vom langobardischen Königtum. In einer Zeit, in der städtisches Selbstbewusstsein ihnen neue Orientierung gab, brachen sie mit dem, was ihre Stadt einst groß gemacht hatte.

Regierungszeiten langobardischer Könige

c. 510–540	Wacho
540–546	Walthari
546–c. 560	Audoin
c. 560–572	Alboin
572–574	Cleph
574–584	[Interregnum]
584–590	Authari
590–615	Agilulf
615–626	Adaloald
626–636	Arioald
636–652	Rothari
652–653	Rodoald
653–661	Aripert I.
661–662	Godepert und Perctarit
662–671	Grimoald
671	Garibald
671–688	Perctarit
679–700	Cunincperht
700–701	Liutpert
701	Raginpert
701	Rotharit
701–712	Aripert II.
712	Ansprand
712–744	Liutprand
739–744	Hildebrand
744–749	Ratchis
749–756	Aistulf
756–757	Ratchis
757–774	Desiderius
759–788	Adelgis
774–814	Karl I. («der Große»)
781–810	Pippin von Italien

Hinweise zu Quellen und Literatur

Im Text verwendete Abkürzungen für Quellenbelege: *ACO:* Acta conciliorum oecumenicorum; *ARF*: Annales regni Francorum; *BHL:* Bibliotheca hagiographica latina; *BAV*: Biblioteca Apostolica Vaticana; *CC*: Codex Carolinus; *CDL*: Codice diplomatico Longobardo; *CF*: Fortsetzung der Fredegarchronik; *CRF*: MGH (Monumenta Germaniae Historica) Capitularia regum Francorum; *CS*: Chronicon Salernitanum; *CST*: Carmen de synodo Ticinensi; *DKdG*: MGH (Monumenta Germaniae Historica) Die Urkunden Karls des Großen; *EPC:* Epistolae sancti Columbani; *ER*: Edictus Rothari; *FC*: Fredegar, Chronicon; *IE*: Isidor von Sevilla, Etymologien; *HL*: Paulus Diaconus, Historia Langobardorum; *HLB*: Erchembert, Historia Langobardorum Beneventanorum; *LA*: Gesetze König Aistulfs; *LG*: Gesetze König Grimoalds; *LL*: Gesetze König Liutprands; *LP*: Liber pontificalis; *LPR*: Agnellus, Liber pontificalis Ravennatis ecclesiae; *LR*: Gesetze des Königs Ratchis; *MC*: Marius von Avenches, Chronik; *Neff*: K. Neff, *Die Gedichte des Paulus Diaconus,* München 1908; *OGL*: Origo gentis Langobardorum; *PC*: L. M. Hartmann, *Zur Wirtschaftsgeschichte Italiens im frühen Mittelalter*, Gotha 1904; *PK*: Prokop, Kriege; *PL*: J.-P. Migne, Cursus patrologiae latinae completus; *RE*: Papst Gregor I., Registrum epistolarum; *TC*: Theophanes, Weltchronik. Es wurden jeweils die hier nicht im Einzelnen nachweisbaren neuesten Textausgaben benutzt. Übersetzungen wurden zitiert aus: *Paulus Diaconus, Geschichte der Langobarden – Historia Langobardorum*, hg. u. übers. von W. F. Schwarz, Darmstadt 2009; *Codex epistolaris Carolinus. Frühmittelalterliche Papstbriefe an die Karolingerherrscher*, hg. u. übers. von F. Hartmann u. T. B. Orth-Müller, Darmstadt 2017. S. Scholz, Die Pippinische Schenkung. Neue Lösungsansätze für ein altes Problem, in: *Historische Zeitschrift* 307, 2018, S. 635–657 (*LP, V. Stephani II*). Alle weiteren Übersetzungen aus dem Lateinischen und Griechischen stammen von mir.

Den vielleicht wichtigsten Ausgangspunkt der modernen Langobardenforschung markieren die Arbeiten von G. P. Bognetti, *L'eta longobarda*, 4 Bde., Mailand 1966–1968. Aktuell gibt es keine umfassende monographische Darstellung auf dem neuesten Stand der Forschung. Ausdrücklich hingewiesen sei daher auf das Œuvre dreier Forscher, die sich in den letzten Jahrzehnten besonders intensiv mit der Langobardenzeit befasst haben: S. Gasparri, *I duchi longobardi*, Rom 1978; Ders., *Italia longobarda. Il regno, i Franchi, il papato*, Rom 2016; Ders., *Desiderio. L'ultimo re longobardo*, Rom 2019; J. Jarnut, *Geschichte der Langobarden*, Stuttgart u. a.

1982; Ders., *Herrschaft und Ethnogenese im Frühmittelalter: Gesammelte Aufsätze*, Münster 2002; W. Pohl, *Werkstätte der Erinnerung: Montecassino und die Gestaltung der langobardischen Vergangenheit*, Wien 2001; Ders., *Eastern Central Europe in the Early Middle Ages: Conflicts, Migrations and Ethnic Processes*, Bukarest 2008.

Über laufende, auch archäologische Forschungen informieren Sammelbände und Ausstellungskataloge: W. Pohl / P. Erhart (Hg.), *Die Langobarden: Herrschaft und Identität*, Wien 2005; S. Gasparri (Hg.), *774 – Ipotesi su una transizione*, Turnhout 2008; G. Archetti (Hg.), *Desiderio: Il progetto politico dell'ultimo re longobardo*, Spoleto 2015; G. P. Brogiolo / F. Marazzi / C. Giostra (Hg.), *Longobardi: Un popolo che cambia la storia*, Mailand 2017; G. Archetti (Hg.), *Teodolinda: I Longobardi all'alba dell'Europa*, 2 Bde., Spoleto 2018. Zur Toskana: C. Valdambrini (Hg.), *Una terra di mezzo: I Longobardi e la nascita della Toscana*, Mailand 2021. Zu Benevent und Spoleto: *I Longobardi dei ducati di Spoleto e Benevento*, 2 Bde., Spoleto 2004; G. Roma (Hg.), *I Longobardi del Sud*, Rom 2010; G. Mazzoli / G. Micieli (Hg.), *I Longobardi oltre Pavia: Conquista, irradiazione e intrecci culturali*, Mailand 2016; M. Rotili (Hg.), *Tra i Longobardi del Sud: Arechi II e il ducato di Benevento*, Padua 2017. Dazu auch T. Indelli, *Storia politica della Langobardia minore: I principati longobardi di Benevento, Salerno e Capua (VI–XI sec.)*, Salerno 2020; G. Zornetta, *Italia meridionale longobarda. Competizione, conflitto e potere politico a Benevento (secoli VIII–IX)*, Rom 2020; A. Panarese, *Longobardi, Bizantini, Normanni nel Mezzogiorno (secoli VII–XIII)*, Lecce 2021.

Zur wichtigsten Quelle: C. Heath, *The Narrative Worlds of Paul the Deacon: Between Empires and Identities in Lombard Italy*, Amsterdam 2017. Zur langobardischen Schriftkultur: N. Everett, *Literacy in Lombard Italy, c. 568–774*, Cambridge 2003. Zum Recht: C. Azarra / S. Gasparri, *Le leggi dei Longobardi: Storia, memoria e diritto di un popolo germanico*, 2. Aufl. Rom 2005. Zur Sprache: W. Haubrichs, Sprache und Schriftlichkeit im langobardischen Italien – Das Zeugnis von Namen, Wörtern und Entlehnungen, in: *Filologia Germanica – Germanic Philology* 2 (2010) S. 133–201. Zu Erkenntnisgewinnen durch die Humangenetik: W. Pohl / J. Krause / T. Vida / P. Geary, Integrating Genetic, Archaeological, and Historical Perspectives on Eastern Central Europe, 400–900 AD, in: *Historical Studies on Central Europe* 1 (2019), S. 213–228: https://doi.org/10.47074/HSCE.2021-1.09. Zu den Weltkulturerbestätten der Unesco: https://whc.unesco.org/en/list/1318/; F. Morandini (Hg.), *Die Langobarden in Italien: Orte der Herrschaft (568–774 n. Chr.)*, Genua 2019. Zu Pavia: P. Majocchi, *Pavia città regia: Storia e memoria di una capitale medievale*, Rom 2008; S. Lomartire / D. Tolomelli (Hg.), *Musei Civici di Pavia. Pavia longobarda e capitale di regno, secoli VI–X*, Mailand 2017.